こうしてあなたはババを引く
投資依存症
森永卓郎
MORINAGA TAKURO

まえがき

「非投資の教科書」を書かねばならない

この本を書こうと決意したのは、ベストセラーとなった後藤達也氏の『転換の時代を生き抜く投資の教科書』（日経ＢＰ）を読んだからだった。

後藤氏とは、それまでにテレビやネット番組で何度かご一緒していた。「日経新聞の記者を辞めて、どうやって生活しているんですか」という私のストレートな質問に、「noteというサイトに有料のニュース解説を書いています」と後藤氏は答えた。なんでも2万人を超える登録者がいるという。

そのときはファンが多い人なんだなと思っただけだったのだが、この著作を読んで、なぜ後藤氏が圧倒的人気を博しているのか、とてもよくわかった。経済の解説が、論理的で、客観的で、丁寧で、とにかくわかりやすいのだ。

『転換の時代を生き抜く投資の教科書』の最大の特徴は、読者を扇動することが一切ないということだ。

投資本の定番といえば、「これからは半導体株だ」と特定分野を推奨したり、「S＆P500で分散投資すれば低リスクで確実に儲かる」と読者の金銭欲を刺激して、投資を煽るものだ。

そうした本の著者は、株価が少し下がっただけで、読者から悲鳴や怨嗟《えんさ》の声を浴びる。私自身は、株価の下落はこれからが本番で、そこに円高が重なるから投資をすることの被害は甚大になると考えている。

だが、仮にそうなったとしても、後藤氏が非難されることはないだろう。後藤氏は個別株の推奨をしていないどころか、投資そのものを勧めてもいないからだ。ただ、『転換の時代を生き抜く投資の教科書』で経済や投資の仕組みを学んだ人の8〜9割は、実際に投資をしてみたいと強く思うはずだ。それがこの本のもっとも「危険」な部分なのだ。

じつはこうした内容の書評を、私は雑誌「AERA」に書いた。

その書評を読んだ後藤氏は「褒められているのだか、けなされているんだかよくわからないですね」と苦笑しながらも、喜んでくれた。もちろん、私は褒めている。経済の仕組みをわかりやすく伝える能力は当代一だろう。

しかし、だからこそ、『転換の時代を生き抜く投資の教科書』に刺激されて、人々が投資に走らないように「非投資の教科書」を書かねばならないと、私は決意したのだ。

1970年の大阪万博の際、岡本太郎氏が製作した太陽の塔の背中には〝黒い太陽〟が描かれている。私が書きたいのは、正面に描かれた太陽に対抗する〝黒い太陽〟のほうだ。

正直言うと、後藤氏を乗り越えられる自信はない。政府の「貯蓄から投資へ」という旗振りのもと、多くの国民が投資に夢中になっている。それは〝投資依存症〟という依存症の一種だ。

アルコール依存症にしろ、麻薬依存症にしろ、覚醒剤依存症にしろ、一度罹患してしまうとその治療は極めて困難だ。

私が本書で、いま投資をすることがいかに危険かを力説しても、聞く耳を持ってもらえない可能性も大きい。

しかし、誰かが止めないと、日本中に投資依存症が広がり、バブル崩壊にともなって日本中に破産者があふれてしまう。

投資依存症の感染力はとても強く、いまの日本は投資依存症の「パンデミック」前夜まで来ている。それを何がなんでも防ぎたい。それが、本書で読者に伝えたい最大のポイントだ。

水原通訳はなぜ〝転落〟したのか

大谷翔平選手の通訳を7年にわたって務め、大谷選手と親友のような人間関係を築いた水原一平氏による違法賭博事件は、世界中に大きな衝撃を与えた。

それまでの水原容疑者の人生はまさに順風満帆だった。大谷選手の移籍にともなってドジャース入りしたあとの年俸は6000万円とも7000万円とも言われた。通訳として初めてアメリカのベースボールカードにも登場し、エンゼルス時代に発行された大谷選手とトラウト選手の直接対決のベースボールカードは、大谷選手、トラウト選手、水原通訳の3人だけにプレゼントされた希少カードで、売りに出せば3億円以上の値段がつくとも言われた。

金銭面だけではない。水原通訳は、時には大谷選手より多くの声援を集めることさえあった。そうした何不自由のない人生のなかで、水原氏はなぜ、大谷翔平選手の口座から

26億円以上もの資金を奪って不正送金し、違法賭博につぎ込んでしまったのか。

米スポーツ専門チャンネルのESPNによると、水原氏は自身がギャンブル依存症であり、「泥沼にハマってしまい、抜け出すためにもっと大きな金額を賭け、雪だるま式に負け続けた」と話したという。

ギャンブルで負けると、その分を取り戻せるだけの金額をまたギャンブルにつぎ込む。そこで負けるとさらに大きな金額をつぎ込む。やがて手持ちの資金が底をついてパンクする。これがギャンブル依存症のお決まりのパターンだ。

十分な収入があるのだから、そこまでしてカネを稼ぐ必要はないのではと思われるかもしれないが、依存症の人は、必ずしもカネが欲しくてやっているのではない。スリルが忘れられなくなるのだ。

詳しくは本文で述べるが、人間が感じる快感には「安楽」と「快楽」という2つがある。「安楽」というのは、何もかも満たされた快適な状態だ。

ところが、「安楽」よりもはるかに強い快感をもたらすのが「快楽」なのだ。

心理学に「ソルテッドナッツ・シンドローム」という言葉がある。塩をまぶしたナッツを食べていると、ほどよいところではやめられず、最後の一粒まで食べてしまう。それが

いる。

ギャンブル依存症は、けっして特殊な人だけがかかる病気ではない。私はいま金融市場に参加する多くの人が「投資依存症」という名のギャンブル依存症になっていると考えている。

「快楽」だからだ。

投資の本質はギャンブルと同じ

しかも依存症にかかる人は確実に増えている。2024年1月に始まった新たな少額投資非課税制度（新NISA）をきっかけに、投資を始める個人の裾野が広がっているのだ。

たとえば、ゼロ金利解除をきっかけとした現在の日銀の金融引き締め姿勢は、理論的に言えば、株価の下落と円高をもたらす。中長期的にはそうなるだろう。

ところが、「快楽」に溺れた人たちはそうした変化を意に介さない。その結果、株価はさらに上がり、為替もさらに円安に向かった。

ただ、順風は無限には続かない。問題は、相場が値下がりトレンドに転じたときだ。

冷静に判断できる人は、そこで損切りをして手仕舞いする。ところが、投資依存症の人は、損失を取り返そうとさらなる資金をつぎ込んでしまう。「ナンピン買い」と呼ばれる行動だ。

そうなると、資産の一部だけで安全に運用してきた人も、やがて全財産をつぎ込んで破産者になってしまう。過去のバブル崩壊で繰り返されてきた事態だ。

つまり、本当の危機は、下げ相場に転じたときに起きるのだ。

バブル崩壊の最後のババを引くのは、投資依存症の人たちになる。余計なことをしなければ、安らかな老後が待っているのに、なまじ快楽の味を覚えると、破滅への道を歩んでしまうのだ。

残念ながら、投資依存症には治療薬がない。唯一の救出方法は、投資を断ち、依存症でひどい目に遭った人との丁寧なコミュニケーションを続けることだ。

私はそれが本当の金融教育だと思うのだが、政府は「貯蓄から投資へ」という掛け声のもと、逆に投資を煽っている。

「投資とギャンブルは違うものだ」と考えている人は多いだろう。

しかし、投資の本質はギャンブル以外の何ものでもない。

老後の生活資金を、ＮＩＳＡを使って投資信託で運用しようとしている人は、老後の生活を賭けて競馬や競輪をやっているのと同じだ。投資の世界も競馬や競輪と同じで、結局はゼロサムゲームとなる。お金が自動的に増えていくということはありえないからだ。

まず、第1章では「なぜ、お金が増えることがないのか」から解説していくことにしよう。

投資依存症◎もくじ

第3章 強欲な金融業者――バブルの真犯人❶

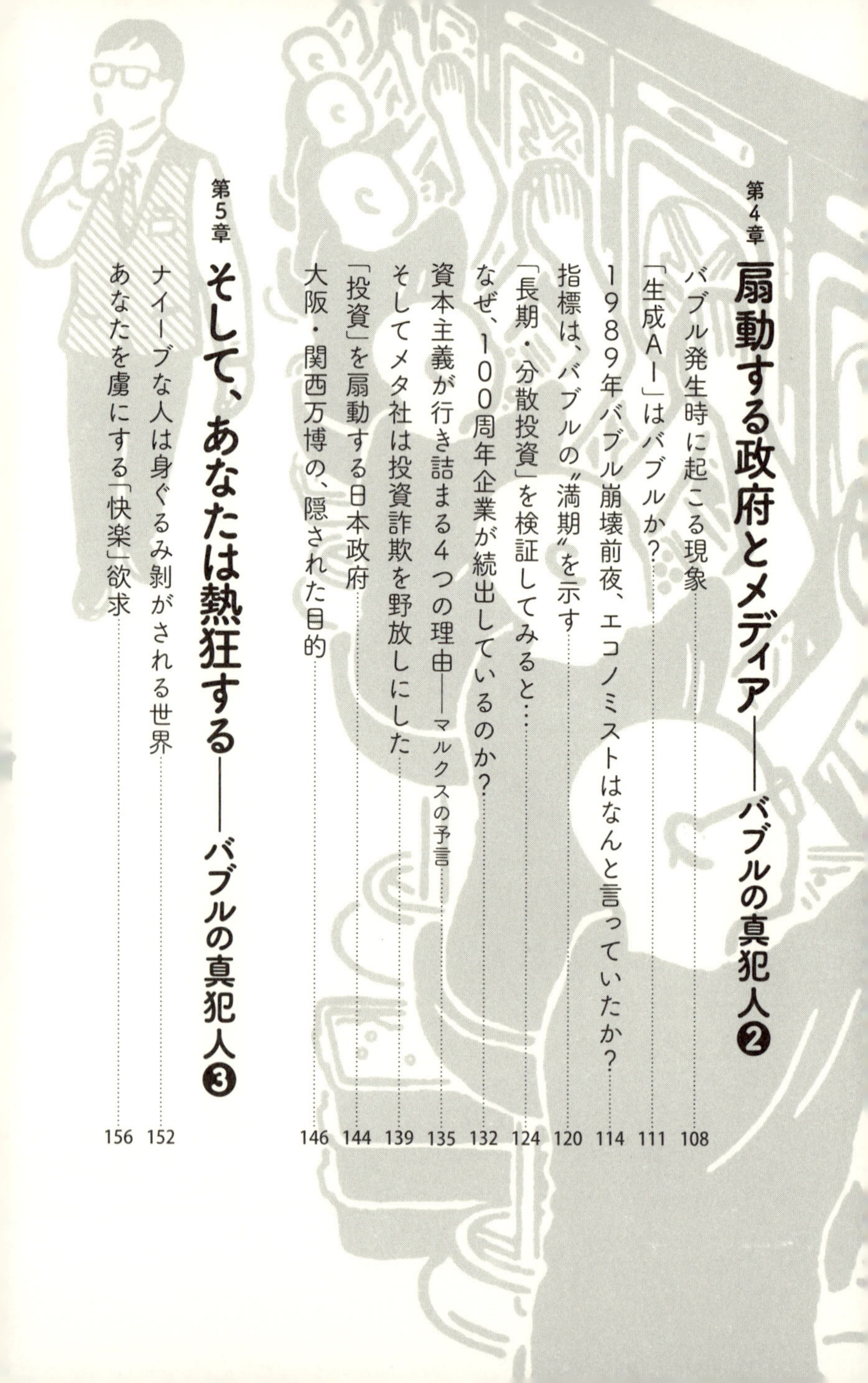

装幀◎原田恵都子（ハラダ＋ハラダ）
イラスト◎大嶋奈都子
本文校正◎円水社
本文組版◎閏月社

第1章
お金が自動的に増えることはない

「投資はギャンブルとは違う」のか？

多くの人が、「投資は、ギャンブルとは違うもの」と理解している。一番の違いは、ギャンブルの場合は、ゼロサムゲームで、勝つ人がいれば、その分負ける人がいる。全体のパイが増えることはない。

それに対して、投資の場合はプラスサムゲームで、パイが増えていく。短期的なアップダウンはあっても、長期で見れば、ニューヨークダウも日経平均株価も、必ず上がっていく。だから、老後資金をパイが増えることがないギャンブルで運用しようと考える人はほとんどいないが、投資によって老後資金を充実させようとしている人は非常に多い。

庶民が長期的には株価が上がると信じる理由は、2つある。

1つは、政府が投資を推奨していることだ。政府は「貯蓄から投資へ」という掛け声のもとで、年金だけでは不足する老後資金を投資収益で充実させるべきだと繰り返し国民に呼びかけている。また、2024年1月からは、少額投資を非課税とする「新NISA」の制度を作って、国民の投資を後押ししている。

もう１つは、これまでの実績だ。

たとえば、１９７０年１月のニューヨークダウは、７８１ドルだった。それが２０２４年５月には３万８５１７ドルと、49倍になっている。年平均の上昇率は７・４％にも達する。

低迷が続いた日経平均株価も、１９７０年１月には２４０３円だったのが、２０２４年５月には３万８２７４円と、16倍になっている。年平均の上昇率は５・２％だ。

キャッシュを握っていたり、たいした金利のつかない銀行の普通預金に預けっぱなしだった人とくらべたら、その差は歴然としているのだ。

だから、素人が「長期で考えたら投資をしたほうがずっと有利だ」と考えても、無理はないと思う。

ただ、その理解は根本的に間違っている。お金が自動的に増えることはない。投資はギャンブルと同じ、ゼロサムゲームなのだ。

そのことを理解していただくために、まず「お金とは何か」という根本のところから説明することにしよう。

お金とは何か？

あなたが持っている1万円札は、どの店舗に行っても「1万円」として、使用することができる。つまり、1万円の価値があるものとして受け取ってもらえる。

それは、いったいなぜなのだろう。

モノとしての1万円札の価値はほとんどない。実際、1万円札の製造コストは、1枚20円程度と言われている。1枚20円の紙切れを人々は1万円だと思って受け取り、そして使っているのだ。

紙切れが1万円の価値を持つのは、「みんなが価値があると思い込んでいるから」とよく解説される。かつては、私もそうなのだろうなと思っていた。

しかし、その解説は相当あやしい。世のなかにはいろいろな人がいて、その人が一律に1万円と書かれた紙を1万円だと認めるというのは無理があるのだ。

おそらくこの説は、通貨の信認を維持したい中央銀行が作り出した神話なのだろう。

じつは、1万円札は単なる紙切れではない。そこにはきちんとした裏付けがあるのだ。

かつて金本位制の時代には、世界中で紙幣の裏付けは金《きん》（ゴールド）だった。紙幣を発行した中央銀行に紙幣を持ち込めば、金と交換してもらえたのだ。

それでは、なぜ金（ゴールド）が価値を持っているのかと言えば、金を生み出すためには「労働」が必要だからだ。

金の採掘は、砂利とか土を採掘するのとくらべると、莫大な手間がかかる。金を含む地層から大量の土砂を掘り上げて、それを水を使って洗浄、分別する。１トンの土砂を洗浄して手にできる純金は、せいぜい数グラムと言われている。

それだけの労働を積み重ねた結果として、金の地金が生まれ、それを裏付けにして紙幣が発行されるから、単なる紙切れが通貨としての価値を持ったのだ。

いまでも世界の中央銀行は、一定程度の金の延べ棒を通貨の裏付けとして保有している。日本銀行も、２０２４年４月末時点で、８４６トンもの金を保有していて、外貨準備の５％弱が金になっている。

ちなみに、日銀が保有する金の大部分は、日銀本店の地下金庫にあるのではなく、アメリカのニューヨーク連邦準備銀行に預けられている。政府は、安全を確保するためだと主張しているが、それはあやしい。日本がアメリカに逆らったらすぐに没収できるように、アメリカが人質にしているとみるのが妥当だろう。日本と同じ敗戦国のドイツも、日本と同様にニューヨーク連銀に金を預けていたが、近年、かなりの部分を自国に持ち帰っている。

さて、現代の紙幣の裏付けの主流となっているのは国債だ。イメージとしては、日銀は市場から国債を買って、その代金として、紙幣を供給しているのだ。

では、国債を通貨の裏付けにするということは何を意味するのか。

この点に関しては、『きみのお金は誰のため』（田内学著、東洋経済新報社）、『お金のむこうに人がいる』（田内学著、ダイヤモンド社）という名著があるので、詳しく知りたい方はそれを読んでいただきたいのだが、大雑把な話をするとこういうことになる。

政府は、たとえば橋を架けるときの資金を調達するために国債を発行する。架けられた橋は、その後何十年も国民の生活を改善し続ける。渡し舟しかなかった時代と橋が架かった時代を比較したら、住民の利便性の差は歴然だろう。だから、橋を利用する将来の国民は、橋がもたらす便益の対価を支払わないといけない。

一方、橋を架ける時期の国民は、橋の建設のために働かないといけない。橋を架けているときは、橋がもたらす便益をまだ得られないから、純粋に労働の「持ち出し」になる。

橋を利用する将来世代は、橋の便益を享受する代わりに、国債の返済のために働かないといけない。労働の持ち出しになっている現役世代が、少しずつ将来世代から返してもらうための橋渡しの役割を果たすのが国債なのだ。

つまり、国債というのは、「労働のかたまり」と考えることができる。お金は、その国債を裏付けに発行されている。

お金が労働のかたまりである以上、お金が自動的に増えることはない。お金が増える唯一のルートは「働く」ということなのだ。

それでは、なぜ株式市場に投じたお金が増えたように見えるのか。

その理由はおもに2つあると考えられる。

1つは「格差の拡大」、そしてもう1つは「バブル」だ。

この2つが、多くの国民に「お金は投資で増える」という幻想を抱かせる大きな原因になっている。それぞれを詳しく見ていこう。

強者は弱者から「収奪」する

お金がお金を生み出すプロセスについて、多くの人の理解は、次のようなものだろう。株式投資で集めたお金で、企業が機械設備を買ったり、工場を建設したりする。企業はそうした事業活動を行なうことで、利益が生まれ、その一部は配当金として株主に還元される。だから、投資したら配当の分だけお金は増えていく。そう考えられるのだ。

実際、経済理論では、株価の理論価格は、現在から将来にかけて受け取ることのできる配当金を合計したもの（厳密に言うと、それを金利で割り引いた現在価値を合計したもの）として定義されている。

しかし、経済理論は同時に、完全競争のもとでは、企業の利益は最終的に「ゼロ」になるとしている。健全な価格競争が行なわれれば、企業は販路を確保するために価格を引き下げざるをえない。そのために企業は利益を削っていき、最終的に利益はゼロにならざるをえないというのだ。

私も、全体としてはそうだと思う。しかし、全体の利益がゼロになっても、一部の企業だけが利益を出すことは可能だ。

それは、強者の企業が、弱者の企業から収奪をすることだ。具体例を挙げよう。

自動車の完成車メーカーのところに下請けの部品メーカーが翌年納入分の価格交渉にやってくる。すると完成車メーカーの調達担当者はこう言い放つ。

「来年の単価は3割カットにする。嫌だったら他に発注する」

設備も従業員も抱えている下請け企業は、要請を呑まざるをえない。

厳密に言えば、こうした完成車メーカーの要請は法律違反なのだが、これまでさんざん行なわれてきた商慣行でもある。

結果的に、完成車メーカーには利益が生まれ、下請け企業には赤字が生まれる。トータルの利益がゼロであっても、勝ち組は負け組から「収奪」をすることで利益を生み出せるのだ。

もう40年以上前の話になるが、私は1982年に当時勤務していた日本専売公社から日本経済新聞社の外郭団体である日本経済研究センターに出向することになった。

私に与えられたテーマの1つが「所得分配」だった。私はセンターの図書室にこもって、「賃金構造基本統計調査」（通称「賃金センサス」）の分析にとりかかった。

そこで私は衝撃的な現実に直面することになった。当初は、大企業と中小企業間の賃金格差を調べていったのだが、日本経済が低成長に移行した1975年以降、格差は一貫して拡大していたのだ。つまり、大企業の中小企業いじめは、その当時から始まっていたことになる。

ところが、私の目に飛び込んできた格差はそれだけではなかった。

男女間の格差、産業間の格差、職業間の格差、年齢間の格差、職階間（たとえば部長と平社員）の格差、地域間の格差、学歴間の格差など、あらゆる格差が低成長期以降、揃って拡大していたのだ。

たとえば、法律上は男女間で賃金の格差をつけることは認められないのだが、全体として見ると格差は拡大している。

それは、正社員の女性が結婚・出産を機に会社を辞めて、子育てが一段落したあと再び働こうと思っても、そのときは正社員とくらべて賃金が半分以下のパートタイマーとして働くしかないからだ。そうしたパートタイマーの女性がどんどん増えていくことで、結果的に男女間の賃金格差が広がっていったのだ。

パートタイマーであるのに、正社員と同じ仕事をしている人はたくさんいる。それでも非正社員という身分だけの理由で、正社員の半分の賃金しか得られない。つまり、正社員による非正社員からの収奪が行なわれたのだ。

「勝った人」の分だけ、「負けた人」が生まれる

もう1つだけ、事例を挙げておこう。地域間格差の拡大だ。

かつて地方には豊かな暮らしがあった。しかし、若者を中心に地方を脱出する人がどんどん増えて、いまの地域間格差は極限に達している。

若者が流出する最大の要因は、地方では稼げないことだ。それは、政府の政策がもたらした側面もある。農業への補助金はどんどん削られ、公共事業や地方交付税もカットされた。自動車などの輸出産業を守るために、輸入関税など農業を守る規制も次々に緩和されていった。その結果、地方にいると貧しい生活が避けられなくなり、大都市に出ざるをえなくなったのだ。

いまや2050年までに若年女性の人口が半分以下になると見込まれる「消滅可能性自治体」は744と、総自治体数の半数近くに及んでいる。もちろん地方で真面目に農産物

や工業製品を作り出している住民の暮らしが悪化していく一方で、大都市でカネを右から左に動かすだけで巨万の富を稼ぐ住民がいるというのはたいへんな矛盾だ。

ここまでお読みになった方は、私がなぜ「投資はギャンブルだ」と言っているのか、おわかりいただけたのではないかと思う。

競輪や競馬にしろ、ルーレットにしろ、ギャンブルでお金の総額が増えることはない。そのことはギャンブルで勝つ人が出ないことを意味しない。当然ながら、ギャンブルで勝つ人は存在する。

そして、その勝った人の分だけ負ける人が出るのだ。

投資もこれとまったく同じことだ。全体として、お金が増えることはない。しかし、そのなかで「勝つ人」と「負ける人」が生まれているのだ。

そうしたなかで、平均株価というのは、けっしてすべての企業の平均値ではないことに十分な注意が必要だ。

たとえば、ニューヨークダウを構成しているのは、たった30社。S&P500でも500社に限られる。全米の企業数は566万社にのぼるから、平均株価を構成するのはごくわずかの勝ち組企業だけなのだ。

そうした事情は日本も同じだ。日経平均株価を構成するのは１７８万社のなかのたった２２５社のみなのだ。

仮にすべての会社の平均株価がまったく上がっていない状態でも、格差が拡大すれば、平均株価は上がっていく。平均株価は「勝ち組」の株価を平均したものだからだ。

資本家がカネを増やし続けるカラクリ

じつは、格差の拡大には、もう１つ重要な経路がある。それは、労働者への報酬を抑制することだ。

本来、ゼロになるはずの利益がずっと維持されてきたメカニズムを見ておこう。

フランスのトマ・ピケティという経済学者が２０１３年に『21世紀の資本』（山形浩生、守岡桜、森本正史訳、みすず書房、２０１４年）という書籍を出版し、世界的なベストセラーとなった。

ピケティは、世界20カ国以上の経済データを２００年にわたって観察し、重大な経済法則を発見した。

r>gという法則だ。「r」は資本の収益率で、「g」は経済成長率だ。

資本家のなかに働くことで稼いでいる人はほとんどいない。彼らは、カネにカネを稼がせる。

だから、資本の収益率というのは、資本家が自分のカネを増やすスピードだ。ピケティの観察によると、この資本の収益率は、いつの時代も5%程度で安定している（次ページの図を参照）。

一方のgが表す経済成長率は、景気によって大きく上下する。

4%近い成長をすることもあるが、ほとんどゼロ成長の年もある。そのなかで、資本の収益率は5%で安定しているということは、資本家は景気がよかろうと悪かろうと、自分が持つカネだけは毎年5%ずつ確実に増やし続けてきたということなのだ。

マルクスは「資本は増殖し続ける価値」であると喝破した。マグロは1カ所に止《とど》まることができないという。つねに泳ぎ回ってエラに新しい海水を送り続けないと窒息死してしまうのだ。

それと同じで、資本家はつねに自分のカネを増やし続けないと窒息してしまうのだ。それは経済のパイが増えないときも同じだ。

世界的な資本収益率と経済成長率

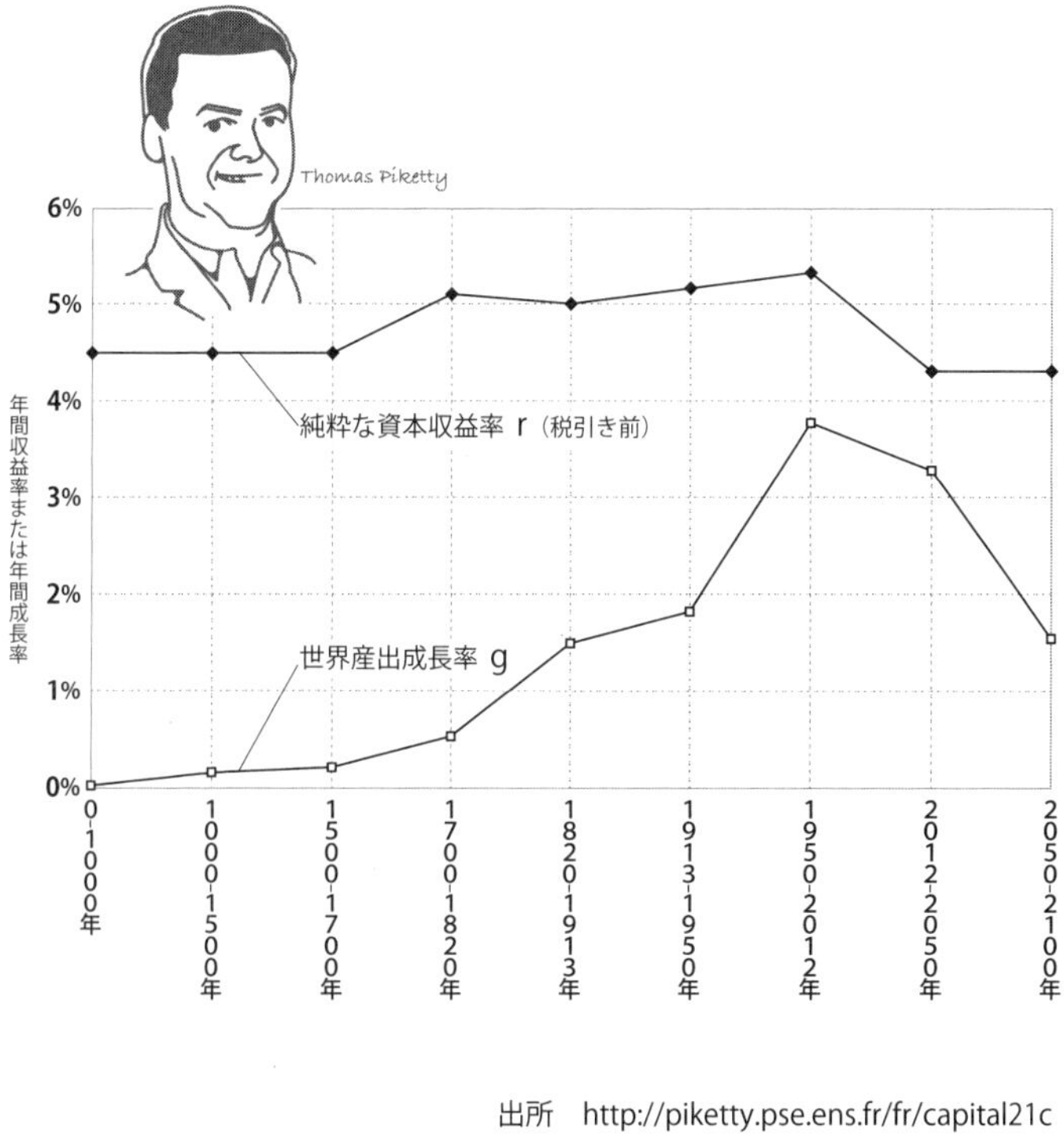

出所　http://piketty.pse.ens.fr/fr/capital21c

それでは、どうしたらつねにカネを増やし続けることができるのか。

答えは、本来労働者に分配しなければならない付加価値を横取りする、つまり労働者から収奪することなのだ。

興味深い記事が「現代ビジネス」(2024年5月13日配信)に掲載されていたので、引用しておこう。

経済ジャーナリストが言う。

「トヨタの有価証券報告書によると、2003年3月期の同社の平均年間給与は805万6000円。そして直近の23年3月期は同895万円です。20年間かけて上がった給与は11%で、手取りだと60万円程度しか増えないことになる。

この間の2度の消費増税や控除の縮小、社保の増額に加え、コロナ後の著しい物価上昇を加味すれば、トヨタの社員と言えど、実質可処分ベースの〝賃金〟では下がっており、彼らですら、生活が苦しくなっているのは想像に難くありません。なお、全国最低水準である岩手県の最低賃金はこの間、41%上がっています。

その一方で、この間、トヨタは大きく成長し、労働生産性（＝営業利益÷従業員数）は2080万円→3043万円と約1・5倍となっています。当たり前と言えばそれまでですが、トヨタ車における原材料費上昇による価格転嫁分や、従業員の努力の果実のほとんどは、会社の取り分となっているわけです。賃上げの原資があることと、それを経営者が労働者に分配するかの判断は全く別問題であることを如実に物語っていると言えます」

ちなみに、トヨタの豊田章男会長の2023年3月期の役員報酬は、前年と比べ46％増の9億9900万円。同社は欧州のグローバル企業の報酬を参考とする仕組みを新たに取り入れたと理由を説明しており、「利益水準を考えればむしろ安すぎる」という声も少なくないが、グローバル市場を相手にする同社の社員には残念ながらその仕組みはない。

「他社の賃金動向に大きな影響を与え、超絶な好業績のトヨタの社員ですら、十分な賃上げには程遠い状況と言え、業績が上がったからと、日本の企業に賃上げを本気で期待すること自体、ナンセンスと言えます。

確かに、初任給が大幅に引き上げられた会社もあります。ただこれは儲かった果実を還元しているのではなく、少子化による人手不足や人材確保による面が強く、業績とは別の理由です。

今はアルバイトの時給が急速に上がっていますが、これも儲かっているからではなく、人手不足によるものです。実際、最高益更新企業の多い、製造業正社員の賃上げ率より、コロナ関連以外の要因でも倒産が増えている飲食業アルバイトの賃上げ率の方が断然に高い」（経済ジャーナリスト）

かつて日本が「世界でもっとも成功した社会主義」と評された高度成長期、上場企業であっても社長の年収は2000万円程度だった。それがいまや数億円の報酬が常識になっている。

株主への配当金も、以前は景気が悪ければすぐに無配にした。経営上、最優先していたのは、従業員の雇用と給与だった。

それがいまや株主への配当や経営者の報酬を拡大することを優先して、その原資として労働者の報酬を抑制するようになったのだ。それは、グローバル資本主義が拡大するなかで世界の潮流となっている。

そして、こうした構造が、低成長下でも資本家がつねに自らへの分配を拡大し続けている重要な要因になっているのだ。

ただ、このやり方は無限に続けることはできない。というより、もはや限界が近づいている。

なぜなら、労働者の報酬を抑制しすぎれば、労働者は生活することができなくなり、同時に消費を通じて企業の経営を支えることもできなくなってしまうからだ。

資本主義の宿命・バブル

格差の拡大は「平均株価」という見せかけの株価を押し上げてきた。

ただ、そうした見かけ上だけの株価だけでなく、利益が増えなくても、株式市場全体で見たときの株価上昇は起こりえるし、実際起きてきた。

それは、資本主義の宿命と言ってもよい「バブル」が生ずるからだ。

この２００年間で、世界は大きなバブルを70回以上経験してきた。資本主義の歴史は、バブルの発生と崩壊の繰り返しだったと言ってもよい。

それでは、バブルとはいったいなんなのか。

お金の価値、それを裏返せば、モノやサービスの値段はどう決まるのか。

それは、その商品を生み出すのに投じられた労働の多寡によって決まる。時間をかけて作られた手の込んだ商品のほうが値段が高くなるというのは、私たちの暮らしのなかでもふつうに体験することだろう。

投じられた労働の大きさによって決まる価値のことをマルクスは「労働価値」と呼んだ。ただし、単純に労働を投入したら、自動的に価値が生まれるということはない。

たとえば、河原の石を積んでは崩すという労働を繰り返したとしても、何も価値は生まれない。商品が価値を持つのは、あくまでもその商品が「使える」ときだけだ。マルクスはそれを「使用価値」と呼んだ。

通常の経済活動では、労働価値＝使用価値になる。ビジネスをするときに、わざわざ無駄な労働をさせる企業は存在しないからだ。

ただ、現実の経済では、労働価値＝使用価値を超えて価格が上昇することがある。それは、商品を作るのにこれだけ労働コストがかかったからということではなく、不当な価格であっても、その値段で欲しい人がいれば、高い値段がつくというメカニズムで生まれる価値だ。それを「バブル」と呼ぶ。

次章では「バブル発生のメカニズム」を見ていくことにしよう。

第2章
バブルはこうして生まれる

バブル発生のメカニズム

バブルが発生する最大の理由は、人々が「いま買っておけば、将来値上がりする」と思い込むことだ。

具体的に言うと、まず何か魅力的な「投資」の対象が注目される。すると、それを買い求める人が増えてその商品の価格が上がる。そうなれば、価格が上がる前に購入した人が値上がり益を得る。そして、それを見ていたほかの人々が同じような利益を得ようとして、あるいは「いま買わないともっと値が上がる」という危機感に煽られて参入してくる。

こうした行動が繰り返されることによって、値上がりがさらに確実なものとなり、「投機」の輪が広がっていくのだ。

世界で初めてバブルが発生したのは1630年代のオランダで、投機の対象となったのはチューリップの球根だった。

16世紀にヨーロッパにもたらされたチューリップはその美しさで人々を魅了し、しかも品種改良で、さまざまな亜種を作り出すことが可能だったために巨大なブームを引き起こし、希少性のある品種の球根にはとんでもない価格がつけられるようになった。

アメリカの経済学者で、生涯をバブル研究に費やしたジョン・K・ガルブレイスの『バブルの物語』（鈴木哲太郎訳、ダイヤモンド社）には、「1636年になると、それまでたいして価値があるとは思われなかったような一箇の球根が『新しい馬車一台、葦毛《あしげ》の馬二頭、そして馬具一式』と交換可能なほどになった」と書かれている。

ジャーナリストのチャールズ・マッケイが1841年に出版した『狂気とバブル――なぜ人は集団になると愚行に走るのか』（塩野未佳、宮口尚子訳、パンローリング）では、球根1個と12エーカー（約4万9000平米）の土地の交換を申し出た事例などが紹介されている。

たかがチューリップの球根にそれだけの値段がつくということは、冷静になって考えれば誰でもおかしいと思うだろう。

しかし、最下層民までが「チューリップ、チューリップ」とわめきたて、夢中になっている状態では、誰もそんなことには気づかない。のちにチューリップ狂と呼ばれるこの事件は、オランダ人全体を巻き込んだ集団的な狂気（陶酔的熱狂）だったのだ。

もちろん、バブルは永遠には続かない。早くも1637年2月には、高騰しすぎた球根を買える人がいなくなり、価格の暴落が始まった。

価格のあまりの高騰に危険を感じた一部の投資家が、投資から手を引き始めると、売りが売りを呼び、やがてチューリップはふつうの球根の値段に戻っていった。借金をしてまでチューリップに投資していた人々は、次々に破産に追い込まれていったのだ。

ちなみに、バブルが繰り返される1つの大きな理由は世代交代で、苦い記憶が薄れてしまうことだ。

オランダでは、チューリップバブルのおよそ100年後に「ヒヤシンスバブル」が発生している。このときもヒヤシンスの球根の値段は、平時の50～100倍にも高騰した。まさに歴史は繰り返したのだ。

ただ、陶酔的熱狂に陥るのは、欧米人の特質というわけではない。日本人も他人のことは言えないのだ。

明治5年ごろ、東京でウサギの飼育が大流行した。ブームのなかで珍種のウサギに高い値段がつきはじめたのは、チューリップバブルの場合とまったく同じだ。

そこに注目したのが明治維新で武士階級を失った旧士族たちだった。ウサギの値段はまたたく間に上昇し、1羽の値段は現代の貨幣価値で30万円～40万円に達したという。それでも人々はウサギの値上がりが続くと信じていた。

ところが、ウサギ高騰に業を煮やした東京府が、ウサギ1羽につき現代の価値で月1万円の「ウサギ税」をかけることにしたため、バブルはあっけなく崩壊してしまった。

図書館で当時の状況についての記録を読んでいた私は、ウサギバブル崩壊後の展開を知り、思わず涙をこぼした。

そこにはこう書かれていた。

「その後、日本橋を起点とする五街道の両脇には、ウサギ汁屋が立ち並んでいった」

球根から金融商品へ

初期のバブルは、チューリップの球根にしろ、ヒヤシンスの球根にしろ、現実に存在する「商品」が投機の対象だった。

しかし、時代を経ると、それが「金融商品」への投機へと変化していき、詐欺的な色合いが濃くなっていく。

たとえば、「ミシシッピ会社事件」だ。

太陽王と呼ばれたルイ14世が繰り返した放蕩三昧《ほうとうざんまい》によって、当時のフランス王室の財政は破綻状態だった。

そのルイ14世がこの世を去った1715年、後継者のルイ15世はわずか5歳だった。そこでオルレアン公フィリップ2世が摂政《せっしょう》となり、実権を握ることになった。深刻な財政状況に付け込んで、そこにある男が取り入ってきた。スコットランド出身の実業家で経済思想家のジョン・ローだ。

ジョン・ローは、1716年5月に認可を得て、総合銀行のバンク・ジェネラールを設立し、それを発展させる形で1718年12月、ルイ15世の認証を受けて、フランス初の中央銀行であるバンク・ロワイヤルを設立して、総裁に就任した。

ジョン・ローが行なった最大の改革は、管理通貨制度の導入、つまり不換紙幣の発行だった。

それまでは、金貨や銀貨が通貨として使用されていたが、ジョン・ローはバンク・ロワイヤルが発行する紙幣を正式の通貨として定めたのだ。ジョン・ローは、その紙幣を使って王室が抱える借金を引き受けた。

これまで述べたように、紙幣の発行には裏付けが必要だ。現代の国債を裏付けとする紙幣の発行は、将来世代が国債の返済のために働くことを前提にしている。

しかし、当時のフランス王室の借金は、ルイ14世の放蕩三昧の結果、積み重なったものであり、返済のあてのない借金だった。つまり、ジョン・ローが生み出した紙幣は、最初から裏付けのない通貨だったことになる。

そのままでは紙幣が市中に普及していくことはない。そこでジョン・ローは奇策に打って出た。

1717年、ジョン・ローはオルレアン公から「西方会社」を作る許可を得て、その会社に当時フランスの植民地だったミシシッピ川を含むルイジアナの開発権を帰属させた。当時のルイジアナは沼地が広がる開発困難地域であったにもかかわらず、ジョン・ローは「ルイジアナは地上の楽園であり、その開発でフランスに莫大な開発利益が転がり込んでくる」という「夢物語」を喧伝した。

フランス人は、その物語を信じ込み、1719年5月に500ルーブルだった西方会社(ミシシッピ会社)の株価は、12月に1万ルーブルを突破した。

西方会社が株式の新規発行を通じて得た豊富な資金は、フランス中の企業のM&Aに使われ、果てはバンク・ロワイヤルの買収にも使われた。フランスの中央銀行が株式会社の子会社となったのだ。

これで、西方会社と中央銀行の経営は一体化した。ジョン・ローは、1720年に信用不安から額面割れを起こしていたフランス国債を額面で西方会社の新規発行株と交換するという形で、市場から国債を吸収して、王室は長年の借金地獄から解放されることになった。西方会社というワンクッションを置いているが、事実上、中央銀行による国債の直接引き受けを行なったのだ。

ただ、その裏付けは、あくまでも「ミシシッピの開発利益」という存在しない利権に基づく株価のバブルだった。やがて開発利益が絵に描いた餅であることが知れ渡るようになると、西方会社の株式は暴落を始め、1721年に倒産した。株式は紙くずと化してしまい、ジョン・ローはフランス国外に逃亡した。

同時期のイギリスでは、ミシシッピ会社事件とほぼ同じ構造の「南海泡沫事件《なんかいほうまつじけん》」と呼ばれるバブルが起きている。

1711年にイギリス政府によって設立されたサウスシーカンパニーは、1713年にイギリス政府から奴隷貿易を含む中南米との貿易独占権を譲り受けた。度重なる戦争で財政状況が悪化したイギリス政府は、政府債務をサウスシーカンパニーが発行する株式と交換する形で借金から解放され、債務危機を乗り切ったのだ。貿易独占権を与えたのはその見返りだった。

政府が設立したサウスシーカンパニーが中南米との貿易独占権という強い利権を得て、順調に経営を拡大させている。そう考えたイギリス国民の投資が、サウスシーカンパニーの株式に集中した。

１７２０年1月に１２８ポンドにすぎなかった株価は、わずか半年後の7月時点で約１０００ポンドまで高騰したのだ。

しかし、サウスシーカンパニーが与えられた「独占地域」はすでにスペインが貿易独占権を主張していた地域で、貿易独占権はほとんど利用価値のないものだった。

そして、１７２０年7月に成立した「バブル禁止法」の影響もあって、サウスシーカンパニーの株価は暴落し、その年の12月には１２４ポンドまで下落したのだ。

株価上昇の利益を見込んで借金を積み重ねて投資を続けた多くのイギリス国民は、バブル崩壊で無一文になってしまったのだ。

史上最大の金融バブル

私が史上最大のバブルと考えているのは、1920年代のアメリカで起きた株式投資のバブルだ。

1920年代のアメリカ経済は空前の活況に沸いていた。好況の理由は、経済にとって好条件が4つ重なったことだろう。

1つ目は、平和の到来だ。

第一次世界大戦で本土が主戦場と化し、経済基盤が大きく毀損した欧州と異なり、アメリカ本土は戦闘に巻き込まれず、産業基盤に戦争の被害がほとんどなかった。そこに戦争から復員してきた兵士たちが労働力として加わったため、アメリカの潜在生産能力は大きく高まった。

2つ目の理由は、技術基盤の大転換だ。

それまでの石炭と蒸気を動力源とする社会から、石油と電力を動力源とする社会への大きな技術転換がこの時代に訪れた。アメリカはその技術転換にいち早く対応したのだ。

3つ目の理由は、乗用車、家電製品の普及など、国民のライフスタイルを一変させる「大衆消費」社会の確立だ。

それまでの鉄道や馬車で移動していた時代と自家用車で移動する時代を頭のなかで比較してみてほしい。あるいは、保存食料を中心に食べていた時代といつでも新鮮な野菜や牛乳が冷蔵庫に保管されている時代を比較してほしい。いかに大衆の生活が豊かになったかが理解できるだろう。

4つ目は、そうした技術構造の大転換のなかで、アメリカ産業が世界で圧倒的リードを保っていたことだ。

ヘンリー・フォードが開発した世界初の大量生産車である「T型フォード」が発売されたのは1908年だが、ヘンリー・フォードのもっとも大きな改革は、ベルトコンベアを活用したり、作業を標準化する「フォードシステム」と呼ばれる仕掛けによって、生産性向上とそれにもとづく価格引き下げを積み重ねていったことだ。ヘンリー・フォードの夢は、自動車の値段を一般労働者でも買える水準に引き下げるということだった。

その夢は実現した。1914年にフォードは、生産ラインの労働者の日給をそれまでの2倍以上である5ドルに引き上げる宣言をした。年収で言うと1000ドルだ。その年収は、T型フォードを購入しても、残りのカネでなんとか生活できるほどの水準だった。

大衆が乗用車を購入できるようになったおかげで、1920年代にT型フォードは爆発的に売れ、1927年までの累計生産台数は1500万台にも達したのだ。もちろん、アメリカ車は価格が安いだけでなく品質も高かった。だから世界中がアメリカ製のクルマを欲しがった。1920年代には、日本で走るタクシーの大部分はアメリカ車だった。フォードやゼネラルモーターズのクルマは世界中を走り回ったのだ。

それは家電製品でも同じだ。ゼニス社のラジオ受信機は世界中の誰もが欲しがる商品となっていた。ラジオが生み出すエンターテイメントは、アメリカ人のライフスタイルを変えたが、それは世界中に広がっていき、それがやがてテレビへと発展していく。

国民生活を豊かにする耐久消費財の爆発的な普及は、その生産が従来型産業にも波及するという好循環をもたらした。大幅な経常収支の黒字に支えられた余剰資金が旺盛な設備投資を支えた。

その結果、アメリカは、それまで「世界の工場」として君臨し続けてきたイギリスから世界への供給基地の地位を奪い、パックスブリタニカの時代からパックスアメリカーナの時代への移行が進んでいった。

そうした変化のなかで、当時のアメリカでは、「ニュー・エラ（新しい時代）」が到来したとの評価が広がり、アメリカ経済の繁栄は永遠に続くと信じられていた。

ニュー・エラをけん引する自動車や家電産業の株価は、潤沢な余剰資金の流入で上昇を続け、アメリカの株価は1925年から1929年までの4年間でほぼ3倍に上昇したのだ。

運命の1929年——史上最大のバブル、崩壊

しかし、あまりに活発な設備投資によって、すでに1920年代後半には、アメリカ産業は供給力が過剰になりはじめていた。

そして、運命の1929年を迎える。

10月24日の「暗黒の木曜日」、10月29日の「暗黒の火曜日」という2度にわたる暴落をきっかけに株価は急速に下落の勢いを強め、ダウ・ジョーンズ指数（ニューヨークダウ）は奈落の底に転落していったのだ。

あくまでも瞬間風速だが、ニューヨークダウが最高値を記録したのは1929年9月3

日の取引時間中に記録した386ドルだった。それがアップダウンを繰り返しながらも、1932年7月8日には40・6ドルまで下がった。株価がほぼ10分の1まで値を下げたのだ。

暴落のきっかけは1929年10月24日の市場取引開始早々にゼネラルモーターズの株式に大量の売り注文が入ったことだったと言われている。

ただ、誰が何を根拠にそうした売り行動に出たのかはわかっていない。私は、あまりに高騰しすぎた株価を見て、「これはもう継続できない」という判断がなされたのではないかと理解している。

この歴史的事実に対して、「それはまだ金融の技術が十分でなかった100年近く前の話で、現代のような高度な技術に支えられた金融市場では同じようなことは起こらない」という論評もなされる。

しかし、私は逆だと考えている。

当時の金融市場は、まだそれぞれの国での分断が残されていた。にもかかわらず、株価暴落の影響は、徐々に世界中に広がり、それが世界恐慌をもたらした。

だから、いま同じことがどこかの国で起きれば、その影響は瞬時に世界に広がっていく。

1929年から1933年までの
ニューヨークダウの推移

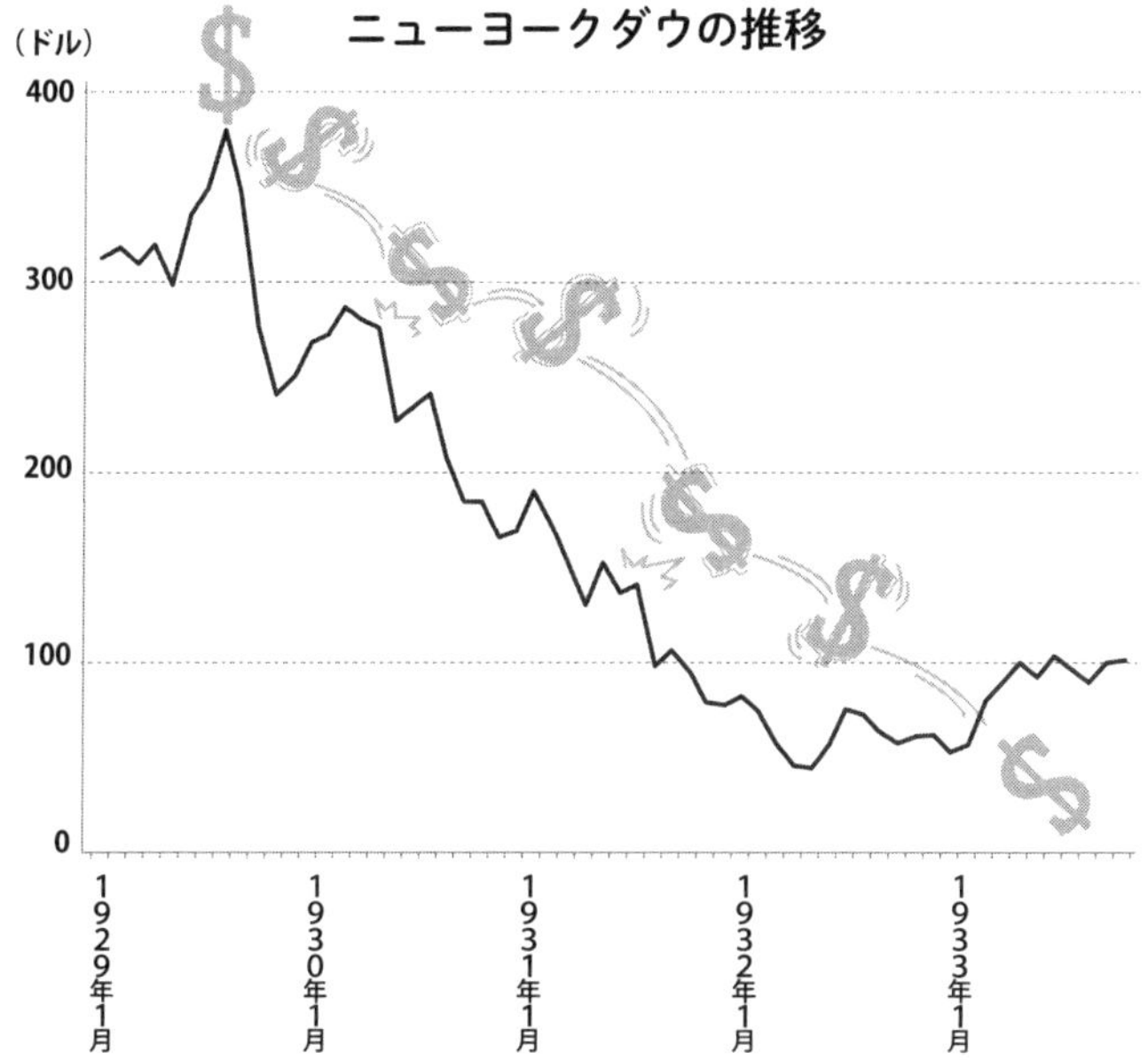

その意味で、いまわれわれが直面しているのは、人類史上最大のバブルであり、まさにいま、その崩壊の危機に立たされていると考えるべきなのだ。

ニューヨークダウの暴落に関しては、有名なエピソードがある。

ジョン・F・ケネディの父親であるジョセフ・P・ケネディが大暴落の3カ月前、ウォールストリートで靴磨きの少年に靴を磨いてもらおうと自分の靴を差し出した。そのとき、少年が「旦那、今日の相場はどう動きますかね」というセリフを言ったことで、ジョセフは「こんな少年まで投資に熱狂しているのか」と怖くなり、暴落の直前に自ら所有するほとんどの株を売り払った。そのおかげでケネディ家の財産は守られたというのだ。

このエピソードは、ジョセフの作り話だという説がある。現実には、ジョセフのパトロンだったガイ・カリアの「株式市場はそろそろ危ない」という忠告に従ったものだったというのだ。いずれにしても、株価の異常な高騰に彼が気づいていたことは事実だ。

投資の神さまと称されるウォーレン・バフェットも、2000年のITバブルの際にIT関連株に手を出さなかった。

「海のものとも山のものともつかない会社の株式に投資することはできない」

そうした手堅い投資判断が、ITバブル崩壊の影響から逃れる最大の原因になったのだ。1929年の株価大暴落は、その後、世界中を大恐慌の波に呑み込んでいく。私は、いまの株式市場は1920年代のアメリカで起きた金融バブルを超える人類史上最大のバブルになっていると考えているが、そのことを検証する前に、なぜバブルが起きるのかを、今度は理論面から検証していくことにしよう。

株価の理論値はゼロ

ここからは、紙幅の節約のために簡単な数式を使うので、どうしてもダメだという数学アレルギーの方は、57ページの5行目までを読み飛ばしていただいても構わない。

まず、本来の株価というのがいったいいくらなのかということから考えていこう。

株式に価値があるのは、株式を持っていると、毎年配当金をもらえるからだと経済学では考える。

ここでは、配当金が毎年D円支払われるとしよう。そうすると、現在から未来にわたって支払われる配当の総額が株式の価値ということになる。企業の寿命が永遠であれば、無限に配当金が積みあがっていくから、株価は無限大になると思われるかもしれない。
しかし、そうではない。今年の配当金と来年の配当金では価値が違うのだ。
お金を銀行に預けておけば、来年には利息がつく。ここで利子率を「r」と表記することにしよう。

金利が5％なら、r＝0・05だ。今年のD円は、来年には（1＋r）×Dになる。逆に言うと、来年のD円は、今年はD÷（1＋r）の価値を持つということになる。これを割引現在価値という。

この計算で言うと、再来年のD円の現在価値は、$D \div (1+r)^2$、

3年後のD円の現在価値は$D \div (1+r)^3$ になる。

この現在価値を無限に積み重ねていくと、株価Sは以下の式で表される。

$$S = D + D \div (1+r) + D \div (1+r)^2 + D \div (1+r)^3 + \cdot\cdot\cdot + D \div (1+r)^\infty$$

等比数列の和（等比級数）の公式から、第n期までの現在価値を積み重ねたSは、次のとおりとなる。

$$S = D \times (1 - (1 + r^n)) \div (1 - (1 + r))$$

ここで n ＝無限大とすると、

$$S = D \div r$$

ということになる。株式の理論価格は配当金を金利で割ったものという非常にシンプルなものになるのだ。

この理論式は、株式市場の分析の際、現在でも使われているのだが、ここで経済学が教える「完全競争市場では利益はゼロになる」という法則を前提にすると、D＝0になる。配当金の源泉は利益だから、利益がゼロになれば、配当金は当然ゼロになるからだ。つまり、完全競争市場のもとでは、株式の価値はゼロになるのだ。

こう書くと、少し経済に詳しい人は違和感を覚えるかもしれない。

配当金がゼロになると言っても、企業は資産を抱えているのだから、企業を潰して資産を売却すれば、一定の価値が残るはずだという考えだ。すなわち清算価値が残るだろうという見方になる。私も、そう思う。

そこで、株価のなかに清算価値がどれだけあるのかを大雑把に計算してみよう。

2024年4月の東証プライム市場上場企業全体の株価純資産倍率（PBR）は、1・7倍だ（金融業を除く加重平均）。つまり、株価は59％分の純資産で裏打ちされていることになる。

ただ、企業が倒産したときのことを思い浮かべていただくと、純資産がすべて残存価値になるわけではない。机や椅子などの什器、工場の機械などは、二束三文でしか引き取ってもらえないか、逆に処分料を取られる場合もある。確実に残るのは、現預金と企業が所有する土地くらいだろう。

2022年度の「法人企業統計」によると、全産業の純資産は857兆円、現預金が295兆円、土地が192兆円だから、純資産の57％が残存価値ということになる。ここから計算すると、株価の34％が企業の清算価値ということになる。たとえば、現状の日経平均株価が3万8000円だとすると、だいたい1万3000円程度というのが、本来の価値ということになるのだ。

ただ、バブルがはじけるときに、ここで株価が下げ止まる保証はない。「買いが買いを呼ぶ」というバブル時に起きることと真逆の現象、つまり「売りが売りを呼ぶ」という現象が発生して、株価はオーバーシュートして下がっていくからだ。

その意味で1929年の暴落で、ニューヨークダウが10分の1に下がったのは、バブル崩壊後の動きとしては常識的なものだったと言えるだろう。

株式に本来よりもはるかに高い価格がつき、しかもそれがどんどん上がっていく。そのバブル現象をもたらす原因はなんなのか。

次章からは、バブルを引き起こす3つの経済主体、すなわちバブルの〝3人の主役〟という視点で考えていこう。

第3章

強欲な金融業者

バブルの真犯人❶

ギャンブルが続けば続くほど儲かる人

大きなバブルがはじけると、大衆は軒並み破産状態になる。値上がりが続くなかでも利益を手元に残せる人はほとんどいない。利益の大部分は再投資に回されてしまうからだ。ただ、そうしたなかで確実に儲ける人がいる。

「胴元」だ。彼らは、相場がどう動こうとも、自分たちの利益を確保するのだ。株価の大部分がバブルから構成されることを前提にすると、すべての投資は、ゼロサムゲーム、すなわちギャンブルであるということになる。ギャンブルでは、勝つ人がいれば、その分、負ける人がいる。そして、トータルでみれば、全体のお金はまったく増えない。それは競馬でも、競艇でも、宝くじでも、まったく同じだ。日本では麻雀はギャンブルではないが、いくら勝負を続けても、点棒全体が増えることはないのだ。

ところが、ギャンブルが続けば続くほど、確実に儲けを出す人がいる。それが胴元だ。左ページにギャンブルの払い戻し率をまとめた。たとえば、馬券を買うと、買った時点で4分の1のお金を失うことになる。サッカーくじや宝くじの場合は、買った途端におよ

ギャンブルの払い戻し率

競馬	74.1%
競輪	75.0%
競艇	74.8%
オートレース	74.8%
公営競技（地方競馬等）	74.8%
サッカーくじ	49.6%
宝くじ	45.7%

ラスベガスの平均払い戻し率

スロットマシーン	93.0%
ルーレット	83.0%
バカラ	83.0%

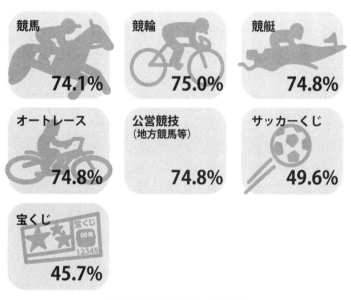

そ半分のお金が消えるのだ。胴元が持っていくからだ。

日本で合法とされているギャンブルとくらべて、ラスベガスのカジノの払い戻し率は一見、高そうにみえる。

しかし、ここに記したのは、あくまでも1回の賭けで払い戻される比率だ。当然、賭けを繰り返せば、胴元の取り分はどんどん膨らんでいく。


飲食店の1日の売上げは、客席数×1人あたりの消費額（客単価）×回転率で決まるのだが、胴元の取り分も同じだ。

たくさんの客を集めて、できるだけ大きな金額の賭けを何回も繰り返させることが、胴元が儲けるコツなのだ。

たとえば、払い戻し率が80％だとしても、払い戻し金すべてで賭けを10回続けさせれば、払い戻し率は11％に下がる。もともとの掛け金の9割は胴元のものになる。胴元の一人勝ちだ。

投資がうまくいくかどうかは運

じつは、その構造は金融業界でも同じだ。

たとえば、投資信託を買うと、運用会社に毎年信託報酬を支払う。その料率は、比較的料率が低いインデックスファンド（S&P500とか日経平均など、すでに投資の分散先が確定しているファンド）でも、0・05%から1・7%程度だ。

一見、たいしたことがないように見えるかもしれないが、たとえば信託報酬が1・7%だと、10年間運用した場合は、投資金額の17%が運用会社の懐に入る勘定になる。

ちなみに運用会社が投資する銘柄を決めるアクティブファンドのなかには、信託報酬が2%を超えるものもある。ファンドマネージャーが、成長性の高い銘柄を選択することで、より高い利回りを実現するのだから報酬は高くて当然という触れ込みなのだが、アクティブファンドの運用成績がインデックスファンドの成績を上回っている証拠は存在しない。

私の元同僚であり、友人でもあった山崎元《はじめ》氏は、2024年1月に亡くなったが、生前私にこんな話をした。

「森永さん、運用という言葉は〝運を用いる〟と書きますよね。投資がうまくいくかどうかは運で決まるんです」

資産運用のプロ中のプロだった山崎氏でさえ、何に投資したら儲かるかはわからない。未来のことは、誰にも予測できないからだ。

それなのに、金融のプロは、さも自分たちには未来が見えるような顔をして、高い手数料を顧客から受け取る。しかも私がおかしいと思うのは、彼らは仕事が成功しても、失敗しても手数料を変えない。

たとえば、投資信託の基準価格が下落すれば、投資家は損失を被《こうむ》る。ところが、そうしたときにも、運用会社は既定の信託報酬を要求する。投資家は泣きっ面に蜂になるのだ。

私の苦情に配慮したわけではないと思うが、最近になって、成果報酬型の信託報酬を採用する投資信託が登場した。しかし、その投資信託の信託報酬の額は法外なほど高く、とても使いものにならない。金融業者というのは、それほど強欲な存在なのだ。

胴元の一人勝ちという意味では、有名なエピソードがある。

19世紀半ばにカリフォルニアでゴールドラッシュが起きた。全米から一攫千金を夢見た採掘者がカリフォルニアに集結した。彼らは、金脈を見つけて富豪になった者と金脈を見つけられずに破産した者に分かれたが、ゴールドラッシュのなかで確実に儲けた者がいた。採掘者たちにスコップを売りつけた業者だ。

金融業者が胴元として一人勝ちするという構造は、バブルの中で鮮明に浮かび上がる。それは、世界初のバブルである1630年代オランダのチューリップバブルのときにすでに始まっていた。

球根ひとつに数千万円の値が付き、富裕層から一般庶民にいたるまでが投機に熱中して、そしてバブル崩壊で軒並み破産者になった。

しかし、なぜ庶民がそんな高額投資に手を出すことができたのか。

当時、チューリップの球根は、現物の取引が中心だったが、途中から一部の高額球根には「所有権証明書」が発行されるようになり、球根そのものがまだ土中にあっても取引が可能になった。現代の言葉で言えば、セキュリタイゼーション（証券化）が行なわれたのだ。

そのことによって、チューリップの球根の所有権は分割できるようになったのだ。金融業者が発明したこの仕組みによって、庶民は高額球根投機の輪に加わることができた。それだけではない。金融業者は投機のための資金を融資して、バブルを煽ったのだ。

バブル崩壊で破産者になる人の多くに共通するのは「借金で投機をした」ということだ。自己資金だけで投機を繰り返したあとでバブルが崩壊しても、最悪自分の資産をすべて失うだけだが、借金で投機をするとそれだけでは済まない。

バブル崩壊時に資産は暴落するが、借金は一切減らないからだ。だから、「借金で投機」は絶対に禁物なのだ。

ただ、そんなことは投資の世界では常識中の常識だ。そこで胴元は、自動的に借金をさせる手段を考え付いた。それがレバレッジ（テコの原理）だ。

レバレッジという〝破産加速装置〟

レバレッジの萌芽は、ジョン・ローのミシシッピ会社のときから見られる。

ジョン・ローは、国債との交換でミシシッピ会社の株式を取得できるようにした。当時のフランス国債は財政赤字が積み重なるなかで信用を落とし、市場評価額は額面を大きく下回っていた。

しかし、ジョン・ローは、ミシシッピ会社の株式購入時には、国債を額面価格で使用できることにした。そのことでミシシッピ会社の株式購入希望者が殺到し、株価のバブルが生じたのだ。

もちろん、株式投資をした人が借金をしたわけではないので、厳密に言えば、「レバレッジ」の仕組みが導入されたとは言えない。

しかし、投資家は大きなプレミアムにつられて、満期まで所有すれば元本が保証される国債を、なんの保証もない株式と交換したのだから、リスクを大幅に増やしたという意味で、レバレッジをかけたのと同じ行動に出たとも言えるのだ。

レバレッジの仕組みが明確になったのは、ミシシッピ会社と同時期のイギリスで発生したサウスシーカンパニーバブルのときだった。

政府債務とサウスシーカンパニーの株式を交換するという「スワップスキーム」を維持するためには、サウスシーカンパニーの株価を高値で維持することが必要だった。そのため、サウスシーカンパニーが株式を新規発行する際には、投資家に対して分割払いや借入れ（レバレッジ）などの支払いオプションが提供されたのだ。

借金をさせて手持ち資金より大きな資金の投資をさせるというレバレッジの仕組みが本格的に導入されたのは１９２０年代のアメリカだった。

当時の株式市場における証券取引は、多くの場合、取引代金の25％の証拠金を現金で支払う（purchase on margin）だけで完了した。残りの4分の3は、自動的に購入者に対するブローカー（金融仲介業者）の貸付となったから、その購入証券は、貸付担保として株式ブローカーに預託された。当然のことながら、配当やキャピタルゲインは株式の購入者が取得した。

しかし、当時の株式利回りは相対的に低率だったので、この貸付に対して支払うべき利子のほうが株式配当の額よりも高いのが通常だった。それでも、株価がさらに上昇し、その株式の販売によって得られるキャピタルゲインのほうが配当収益よりも大きくなればなるほど、この証拠金取引は現実に利益あるものになった。

だから、株式ブームが進展し、株価が上昇するにつれて、ますます証拠金取引、つまりレバレッジが利用されていったのだ。

レバレッジの怖いところは、わずかな相場の下落が破産の引き金を引くということだ。たとえば、手持ち資金1万円で株式投資をするときに、自動的にその3倍、3万円の融資がついてきたとする。投資金額は合計4万円になる。ここで、その株が25％上昇すると、利益は1万円となる。手持ち資金は1万円だから、利益率は100％ということになる。

一方で、株価が25％下がったとすると、損失は１万円だ。手持ち資金は１万円だから、損失率は１００％、つまり全損となって、投資家は破産してしまうのだ。たった25％の値下がりで破産してしまうということが、レバレッジをかけることの恐ろしさであり、実際に１９２９年の株価大暴落でアメリカ中が破産者だらけになった大きな原因の１つが、このレバレッジの存在だったと言われているのだ。

その事情は１９９０年代の日本のバブル崩壊でも繰り返された。

１９８０年代後半、プラザ合意による超円高の到来で、日本経済は未曾有の円高不況に苛《さいな》まれていた。

ところが、当時は日銀が銀行ごとに融資の伸び率上限を指示する「窓口指導」という規制を続けていた。各行は、その伸び率の範囲内でしか融資を増やせない。しかも融資枠を使い残したら、翌年の融資枠を削られる。だから、銀行は窓口指導された融資枠を目いっぱい使い続けてきたのだが、折からの円高不況でお金を借りてくれる企業がない。

そこで銀行が何をしたのかというと、本来禁じられている株式や不動産への投機資金をどんどん貸し込んでいったのだ。それが株式や不動産の価格を吊り上げ、バブルが発生した。

当時の記憶で鮮明に覚えていることがある。私の友人がある事業でひと儲けした。そこに銀行がすり寄ってきて、「その資金を増やしましょう」とささやいた。友人は銀行の誘いに乗り、東京・青山のビルを一棟買いした。もちろん手持ち資金ではとても足りないので自己資金の数倍を銀行から借り入れた。

そして、その後、バブル崩壊を迎える。青山のビルの価格は7割以上、下落した。銀行は手のひらを反して、担保割れになったからいますぐ返済をしろと迫ってきた。友人はビルを売却したが、売却資金だけではとても返済しきれない。

結局、友人はビルも手持ち資金も失っただけでなく、大きな借金だけを抱えた。その返済に友人は数十年の期間を費やした。

「森永さん、何も残っていないない資産の返済を延々と続ける人生というのは、とてもつらいものなんですよ」

友人はそう語った。

こうしたレバレッジに関して、世の中は「危険だからやめましょう」という方向には動いていない。それればかりか、最近ではむしろ構造的に投資に組み込まれるようになっている。

たとえば、ＦＸ（外国為替証拠金取引）という投資がある。ドルなどの外貨を売ったり買ったりして利益を追求する商品なのだが、実際に外貨を売買するのではなく、値上がり分や値下がり分だけを精算する仕組みになっている。

このＦＸ取引では、現在、金融庁のレバレッジ規制により、25倍までというレバレッジの上限が課せられている。つまり、手持ち資金の25倍の資金で、勝負をかけられるのだ。これだと投資した外貨が４％値下がりしただけで全損となり、その時点で取引停止となる（それを「ロスカット」と呼ぶ）。だから、ＦＸをやる投資家はつねにＰＣの前に張り付き、ロスカットを避けようと、短期売買を繰り返す。投資というより完全なギャンブルだ。

知らず知らずのうちにレバレッジを利用しているケースもある。

たとえば、２００１年から始まったＪ－ＲＥＩＴ《リート》（上場型不動産投資信託）だ。投資家から集めた資金で、オフィスビルや商業施設、マンションなど複数の不動産を購入し、その賃貸収入や売買益を投資家に分配する投資信託の一種だ。この仕組みを前提にすると、Ｊ－ＲＥＩＴにレバレッジが入り込む余地がないように見えるが、そうではない。Ｊ－ＲＥＩＴを運営する多くの投資法人は、投資家から資金を集めるだけでなく、金融機関から融資を受けたり、社債に相当する「投資法人債」を発行して資金調達をしている。

つまり、投資法人自体が、借金をして投資をするというレバレッジを活用する資産運用をしているのだ。

商品のなかにレバレッジを組み込むことは、一般の投資信託でも、一部で行なわれている。運用会社が金融機関から借金をして、株式相場等に資金をつぎ込むのだ。

そうした投資信託は、相場が上昇基調のときにはより高い利回りが得られる一方で、相場が下落したときには劇的に基準価格が下落していく。

こうした仕組みがあるにもかかわらず、多くの個人投資家は、自分が借金をして投資をしているという自覚を持たない。投資信託の目論見書や運用報告書を丁寧に読めばわかるのだが、読みこなすための金融知識に乏しいし、何より最初から読もうともしない人が多いからだ。

だから、相場が下落に転ずると、あっという間に破産が広がっていくのだ。

投資銀行の正体

日本で一番給料の高い会社はどこかご存じだろうか。

私が知る限り、それはゴールドマン・サックス証券、ＢｏｆＡ証券（旧メリルリンチ日本証券）、三菱ＵＦＪモルガン・スタンレー証券といった「投資銀行」だ。

投資銀行というからには銀行と思われるかもしれないが、銀行ではない。会社名に証券とついているから証券会社と思われるかもしれないが、証券会社でもない。投資銀行というのは、カネを儲けるためだったら、企業の乗っ取りや高リスクの金融商品開発など、法規制ギリギリのところまでなんでもやる金融仲介業者だ。

彼らの給料は高い。

たとえば、新入社員の年収は１０００万円を超える。そして、何年か会社に生き残るだけで年収は数倍になり、10年選手で幹部社員にのぼり詰めると億単位の年収が得られる。以前、そんな話をしていたら、投資銀行の元社員から「森永さんの話は盛りすぎで、ボクはそこまで高い年収はもらっていませんでしたよ」と言われた。

しかし、彼らは入社のときに会社と「報酬の半分は年俸で、残りの半分は退職金で受け取る」といった契約をする。

たとえば、10年間の総報酬が10億円だったとすると、5億円を毎年の年俸で、残りの5億円を退職時に退職金としてまとめてもらうという契約をするのだ。

なぜ、そんな契約をするのかと言えば、日本では退職金に対する税金が非常に低く設定されているからだ。とくに退職金には「2分の1軽課」という仕組みがある。これは課税所得を計算するときに、退職所得を2分の1に減額するという制度だ。

たとえば、退職所得が5億円だったとすると、課税所得は自動的に2億5000万円と計算される。所得の半分にしか課税されないのだから、退職所得全体に対する税率は最大でも25％程度に収まるのだ。

投資銀行の社員がこうした制度を利用していることを前提にすると、彼らの本当の報酬は、実際に受け取っている年俸よりもずっと高いのだ。

投資銀行の元社員にその話をすると、「森永さんよく知っていますね」と言って、その後、報酬の話をしなくなってしまった。

もちろん、ふつうのことをしていたら、これほどの超高額報酬を支払うことはできない。

では、具体的にどんなことをやっているのか。

業界最大手、ゴールドマン・サックスの実態を、同社に18年在籍した女性が『ゴールドマン・サックスに洗脳された私』（ジェイミー・フィオーレ・ヒギンズ著、多賀谷正子訳、光文社）という暴露本にして出版した。そこから引用しよう（引用元は「現代ビジネス」

2024年4月25日)。

ゴールドマンの部屋は、高校の教室とさほど変わらない。そこにいる人たちの気質はよく似ている。ただし、彼らがやるのは勉強ではなく仕事だ。リサーチャーやストラテジストは〝おたく〟気質。スプレッドシートや調査レポートにじっくり目を通し、市場の先行きを予測するのが好きな人たちだ。バンカーはいわゆる〝お坊ちゃん・お嬢ちゃん〟タイプ。完璧な着こなしで品のいい話し方をし、フォーチュン500の企業のCEOに、いつでも買収のアドバイスができるよう準備を怠らない。

このふたつのタイプの人たちはロッカーの場所にもこだわりがあるし、経営幹部のオフィスのすぐ近くに自分の席を持ちたがる。といっても、経営幹部はいつもそこにいるわけではない。世界じゅうを飛びまわり、顧客にゴールドマンを売りこんでいる。とても忙しい人たちで、彼らのアシスタントには、さらにアシスタントがついている。

セールス&トレーディング部門の人たちは、さしずめスポーツ選手。トレーディング・デスクがロッカールームと呼ばれるのもうなずける。私が所属しているのはそこだ。のちに別のビルに引越しをした際は、〝カジノ〟という愛称がつけられた。トレーディング・デスクが並んでいるのはフットボール場よりも広いところで、窓はなく、高い天井に明るい蛍光灯がついている。このカジノには時間の感覚というものはない。社員の集中力が続くように、経営幹部が密かにこの部屋の酸素濃度を高めているという噂もあるほどだ。

この仕事をやりたいからこの部署に来た、と言えればいいのだが、ゴールドマンとなるとそうもいかない。私が最初に面接を受けたのがこの部署で、ちょうどアナリストに空きがあったので仕事がもらえた。それだけのことだ。そう簡単には手に入らないゴールドマン・サックスのアナリストの職を得ることができ、きっと家族も誇りに思ってくれるだろうと考えると、ただただ嬉しかった。アナリストの仕事は一流で年収も高い。ここで働けるなら、どの部署であっても断らなかっただろう。

職場には〝選ばれし人々〟がいる。コネや家柄で雇われた人たちだ。プライベートジェットでナンタケット島【訳注：マサチューセッツ州の南にあるリゾート地】に行くために、毎週金曜日には早めに退社していく女性や、毎朝、二日酔いで遅れてくる男性などがいる。彼らは身を粉にして働く私たちとは違うルールで生きている。ミシェルとソフィアは、この〝選ばれし人々〟だ。私が採用通知をもらうまで35回も面接を受けたと話したら、きっとふたりは卒倒することだろう。彼女たちはたったの数回しか面接を受けていないらしい。ミシェルの父親はゴールドマンの顧客だし、ソフィアの父親はゴールドマンのパートナー（共同経営者）のゴルフ仲間だそうだ。ふたりとも、ゴールドマンに就職するのは簡単だと思っていたという。

幸か不幸か、いまはここが私の世界だ。そして、株にまつわる言葉が私の専門用語。「ゴールドマンでどんな仕事をしているんですか？」と訊かれたら、グローバル・セキュリティーズ・サービスで、セールス・トレーダーをしていると答える。ここでは200人のスペシャリストが働いている。さらに詳しい仕事内容を答えても、聞いているほうはあくびが止まらず目もすわってくることだろう。〝空売り〟〝ターム・ファンディング〟〝再担保契約〟などの用語を聞かされても眠くなるに違いない。

簡単に言うと、株式市場では「安く買って高く売るのがいい」というのが一般的な考えだ。でも、私の仕事では順序が逆になる。つまり「高く売って安く買う」のだ。たとえば、ヘッジファンドや大金持ちが、ある株が割高になっていると考えたとする。すると、これからその株が値下がりすると予想して、その株を売る。そして株価が下がったところでその株を買い戻す、という具合だ。

ところが、当初、彼らはその株式を実際に保有しているわけではない。そこで私の出番だ。私が彼らにその株を貸し、彼らはその株を市場で売る。私は彼らから株のレンタル料を受けとるが、これがときには莫大な金額になる。私がその株をどうやって調達するかというと、その株をポートフォリオに組みこんでいる機関投資家、年金基金、投資信託会社、エンダウメント（寄贈基金）、保険会社から借りてくるのだ。つまり、私はこの取引の仲立ちをしているわけで、片側にヘッジファンド、もう片側に様々な機関がいて、私――つまりゴールドマン――がその手数料をもらうというわけだ。

この話をプリンマー大学でリベラルアーツを学んでいた友だちに話すと、まるで私が無意味なテレビゲームでもやっているかのように、それにどんな意味があるのかという顔をする。なぜ空売りなどしたがるのか、と。

ある株式が割高になっていると思った顧客は、そこに利益が生まれる可能性があると考える。たとえば、XYZ社の株が1株あたり100ドルで取引されているとしよう。あるヘッジファンドがその会社の業績や貸借対照表を調査して、適正な株価は60ドルだと判断したとする。

すると、そのヘッジファンドは１００ドルでその会社の株を空売りし、株価が60ドルに値下がりするのを待つ。ただし、確実に値下がりするとはかぎらない。株を買っても値上がりするとはかぎらないのと同じだ。もし株価が60ドルに下がれば、ヘッジファンドはその株式を買い戻す。すると、１株あたりの差額40ドルから私への手数料を差し引いた分が利益になる。そして私は、その株式を元の持ち主に返す。空売りはよくできたストラテジーで、いつも投機家の読みがあたるとはかぎらないが、多くの場合、彼らの投資家にじゅうぶんなリターンを提供できている。

ここで語られているのは、投資銀行が行なっている業務のほんの一部だ。ただ、株式を持ち主から借りてきて、その株を市場でたたき売り、株価が下がったところで買い戻す。株式の本来の持ち主に返すのは、安く買った株になるから、高く売って、安く買うことになり、利益が生まれるのだ。

たしかに利益は出るが、そこにはなんの正義も社会的貢献もない。

あるのは、自ら相場を動かし、そこから利益をひねり出すというマネーゲームの発想だけだ。

“塀の上を走る”仕事

投資銀行の社員は、退職時に会社と秘密保持契約を交わしているので、業務の全体像が表に出ることがほとんどない。前述の本も、著者は巨額の退職金を捨て、秘密保持契約書（ＮＤＡ）へのサインを拒否して執筆したものだ。

もう１つ、投資銀行がやっている業務の全体像を記した本を紹介しよう。２０２４年５月に出版された『リーマンの牢獄』（齋藤栄功著、阿部重夫監修、講談社）だ。

著者はもともと山一證券に勤務していたが、山一證券自主廃業の憂き目に遭い、議員秘書、都民信組、メリルリンチと転職を繰り返した。著者が一番輝いたのは、全米投資銀行３位のメリルリンチの日本法人で働いていたときで、３年あまりの勤務期間のあいだ、著者の年収は１億円を超えていた。

その後、自らアスクレピオスという医療経営コンサルティング会社（実態はマイクロ投資銀行）を立ち上げ、リーマン・ブラザーズの日本法人から３７１億円という巨額な出資を引き出す。

だが、その焦げ付きがきっかけの1つとなって、アメリカのリーマン本体が経営破綻してしまう。期せずしてリーマンショックの引き金を引いてしまった著者は、裁判で懲役15年の実刑判決を受けた。14年間の獄中生活から出所後にこの本を出版したので、守秘義務契約など関係なく、赤裸々に投資銀行の実態を語っている。

物語は、山一證券の自主廃業時の金融情勢や当時の山一の経営実態から始まる。取材と構成を担ったジャーナリストの阿部重夫氏の貢献も大きいと思うが、事実関係がきちんと整理されていて、リーマンショックを振り返るときに不可欠の歴史書となっている。しかも、その記述が正確なことは、当時私が山一證券のエリート社員からこっそり聞いていた経営実態と完全に符合することからも明らかだ。

ただ、本書にずっとつきまとうのは著者の自惚《うぬぼ》れだ。山一から社員が大量移動したメリルリンチで、再びリストラされる元山一社員を尻目に、著者は大活躍する。ただ、それは著者が優秀というより、ドブ板営業しかできないポンコツ山一社員との比較のうえだけだ。

著者が自慢する医療機関が受け取る将来の保険診療収入を証券化するというスキームも、チューリップバブルの時代からあるものだ。著者の一番の発明は、証券会社がコンサルフィーを受け取ることで、実質的に闇金並みの高金利を獲得するという脱法行為の部分だ。

著者がマイクロ投資銀行を設立したのも、飽くなきカネへの執着のためだろう。投資銀行は、捕まらない限り、カネ儲けのためならなんでもやる〝塀の上を走る〟仕事だ。

その立ち回りのなかで、著者は塀の内側に落ち、リーマンは経営破綻した。その原因は倫理感の欠如だが、背景には「教養」の欠如があると思う。

著者を含めて、投資銀行の社員が受け取る高額報酬は、揃って豪邸、高級車、愛人、酒（アメリカの場合はクスリも加わる）などに消えていく。彼らに少しでも教養があれば、もっとまともな使い道があるだろうし、無限のカネを追求するお金中毒にもかからないだろう。

『リーマンの牢獄』で一番気になったのは、現代の投資銀行の社員も相変わらずの金遣いを続けているという事実だ。そのことはリーマンショックが必ず再来することを意味するのだろう。

投資銀行の三大業務は、

①企業の乗っ取りと乗っ取りの手助け

②先物、オプション、レバレッジなどの金融技術を活用したインチキ金融商品（仕組み債）

の開発・運用

③空売りを活用した相場操縦

である。

投資銀行が企業の乗っ取りをするのかと思われるかもしれないが、たとえば小泉構造改革の不良債権処理に乗じて、日本中のゴルフ場を片端から二束三文で買収したのはゴールドマン・サックスだった。そのため、日本最大のゴルフ場オーナーはしばらく同社だった。買収したゴルフ場はその後、投資ファンドに転売され、2021年にソフトバンクグループが4000億円という高値で買い戻すまで、日本のゴルフ場は20年にわたって投資ファンドに翻弄されることになった。

インチキ仕組み債は、リーマンショックの最大の原因を作り出した。CDO（債務担保証券）と呼ばれる仕組み債は、低所得者が借りた返済のあてのない住宅ローンをほかの証券と巧妙に組み合わせて、低リスク高利回りの商品として売り出された。

当時のキャッチフレーズは「この金融商品は理系の大学をトップで卒業した有能な社員が、金融工学という高度な数学を用いてリスクコントロールしたため、ローリスクなのにハイリターンの商品となっております」というものだった。

しかし、その実態はローリスクに見えるだけのハイリスク商品というより、なんの価値もない紙くずだったのだ。

企業の乗っ取りとインチキ金融商品の開発・運用、そして空売りを活用した相場操縦という投資銀行の三大業務をすべて活用したのがホリエモンによるニッポン放送乗っ取り事件だった。

ライブドア事件の黒幕

私が最初に堀江貴文氏（通称・ホリエモン）に出会ったのは、2004年の12月3日だった。当時、私は、ニッポン放送の朝の情報番組でパーソナリティーを務めていたのだが、その番組のゲストにやってきたのがホリエモンだった。

そのときホリエモンは、今後のライブドアの事業展開として、規制によって超過利益を得ている会社を買収したいという構想を明らかにした。

そこで私が「それでは、日本で一番、規制による超過利益を抱え込んでいる業界はどこですか？」と聞くと、「在京キー局ですよ。地上波は5波しか存在できないから、確実に儲かるんです」との答えが返ってきた。そして、「テレビ局は欲しいけれど、買収するのはなかなか難しいんですよね」と付け加えた。

それから2カ月後の2005年2月8日、ライブドアはニッポン放送の発行済み株式数の35％にも及ぶ株式を取得して、いきなり筆頭株主に躍り出た。

表向きは「インターネットとラジオを融合させれば、面白い番組やビジネスが可能になる」という理由だったが、ホリエモンがニッポン放送を欲しがったのは、当時ニッポン放送の子会社だったフジテレビが欲しかったからで、斜陽のラジオ事業にはおそらく興味がなかったと思われる。

問題は、新興企業の社長にすぎないホリエモンが、ニッポン放送の乗っ取りを行なうための巨額資金をどのように調達したのかということだ。

2005年2月8日、ライブドアは東証の時間外取引でニッポン放送株の29・6％を取得した。

取得資金は、投資銀行「リーマン・ブラザーズ証券」が用意した800億円だった（同社は、2008年のリーマンショックで経営破綻）。

リーマン・ブラザーズが資金提供するスキームは次のようなものだ。

ライブドアは「転換価格下方修正条項付き新株予約権付き転換社債（ＭＳＣＢ）」を800億円分発行する。当時のライブドアの売上げは300億円だから、売上げの3倍近い借金を抱えることになる。しかもこのＭＳＣＢの金利はゼロだった。ただし、ＭＳＣＢを引き受けるリーマン・ブラザーズは無利息で引き受ける代わりに、この転換社債をつねに市場価格の10％引きで株式に転換できる権利を取得した。さらに、ホリエモンは創業者として保有してきた自社株をリーマン・ブラザーズに貸し付けた。

その後、リーマン・ブラザーズは、ホリエモンから借りたライブドア株を市場で売り続けた。大量の売りを浴びれば、当然ライブドアの株価は暴落する。そして、市場価格が十分下がったところで、リーマン・ブラザーズは「つねに市場価格の10％引きで株式に転換できる」という条件を活用して、二束三文で大量のライブドア株を手にした。

その後、リーマン・ブラザーズがライブドア株の売り浴びせをやめると、ライブドア株は急騰に転ずる。そこで、2005年2月17日、リーマン・ブラザーズはライブドア株890万株を1株476円で売却し、42億円の売却益を得たのだ。

結局、ライブドアによるニッポン放送買収計画は、北尾吉孝（ＳＢＩホールディングス代表取締役会長兼社長兼ＣＥＯ）という金融界の超大物がホワイトナイトとして乗り出したため、失敗に終わり、リーマン・ブラザーズの策略も成功しなかった。だが、それでもリーマン・ブラザーズは、最終的に100億から200億円の利益を出したと言われている。
ちなみに事件終結のあと、ホリエモンは2013年5月31日配信のダイヤモンド・オンラインのインタビューで以下のように話している。

――ニッポン放送買収時には、同社株の取得に際し、米国投資銀行のリーマンブラザーズにMSCB（転換価格〈下方〉修正条項付き転換社債）を引き受けてもらって800億円を資金調達する一方で、ご自身の持つライブドア株をリーマンに貸し出しました。そして、リーマンの株式売却などにより、ライブドア株は一時急落、投資家の利益は大きく毀損されたと言われます。あれは違法ではありませんが、道義的に考えてどうだったのか。発行者、引き受け業者、投資家の間に、大きな情報の格差がありましたよね。

あれは、完全に資金調達の手段でしたね。事業を成長させるエンジンとして、キャッシュがないと新しい投資はできない。で、やりたい事業をやりたいし、早くやりたいから買収をしようと思い、そのためにやったのです。皆がリスクをとらずに安全運転をしている中で、1人だけ法定速度ギリギリまでスピードを上げただけ。別に違法ではありませんよね。

逆に、あの額を他の方法で調達できましたか。時価発行増資なんかでは、無理だったでしょう。大事なのは、実際にできるかどうか。さっきも言ったように、僕はお金がないからプロジェクトができない、という状況が一番嫌なんです。手段があるなら、それを使えばいいじゃないですか。

厳密に言うと、リーマン・ブラザーズ証券が用意した資金調達手段が違法かどうかは微妙なところなのだが、要は「捕まりさえしなければ、人を騙そうが、足を引っ張ろうが、カネを稼ぐためなら何をしても構わない」というのが投資銀行の論理なのだ。

余談だが、ライブドア事件後しばらくして、私は講演のために北関東のある町へと向かった。そのとき、講演会場へと走るタクシーの運転手さんが話しかけてきた。

「森永さん、ボクはね、サラリーマン時代に十分な老後資金を貯めて、定年後は悠々自適の暮らしをしようと思っていたんですよ。ところが、ライブドア株に老後資金を注ぎ込んですべて失ってしまったんです。まあ、欲にかられた自分の身から出た錆《さび》なので、愚痴を言っても仕方がないんですが……。田舎のタクシーは儲からないんです。年金だけでは足りない生活費をずっとこの仕事を続けながら死ぬまで働き続けるのは体力的にきついものがありますよね」

１００％負ける賭博

ここまで述べてきたのは、あくまでも仲介業者が行なう「合法の範囲内」のレバレッジの利用だ。

しかし、金融仲介業者が詐欺師の場合、さらに早く投資家を追い込むための厳しいレバレッジが利用されている。いわゆる「ノミ行為」だ。

たとえば、大谷翔平選手の元通訳・水原一平氏が違法なスポーツ賭博をしていたときの胴元は、マシュー・ボウヤーという元マフィアの男だ。

報道では、水原一平氏は大谷選手の口座から着服した資金では賭博の負けを支払えなくなり、ボウヤー氏に連絡して掛け金の上限を引き上げてもらうように要請したことが明らかになっている。次の勝負で大勝ちして、一気にボウヤー氏への負債を解消しようとしたのだ。ボウヤー氏は、水原一平氏からのこの提案を受け入れ、さらに大きな勝負をさせている。

しかし、私はボウヤー氏が本当に追加分の掛け金をスポーツ賭博に回したかどうか大きな疑問だと考えている。ボウヤー氏のところには、水原氏から新規の資金は入ってきていないからだ。

それでは、どうしたのか。

私は、追加資金分を「スポーツ賭博に賭けたことにした」のだろうと思う。その賭けで水原氏が負ければ、彼をさらに追い込むことができる。

一方、万一、水原氏が勝ったら、うまいことを言って、さらに次の大きな勝負をさせる。水原氏はいずれ負けるから、その時点で取引を停止すれば、必ずボウヤー氏の勝ちになるというわけだ。

いずれにせよ、ボウヤー氏という金融仲介業者は、投資家の手持ち資金を上回るギャンブルをさせるというレバレッジで大儲けして、水原氏を破綻に追い込んだのだ。

そうしたインチキは、じつはギャンブルの世界のあらゆるところにあふれている。

たとえば、ルーレットの盤面には1から36の数字と、0、00の合計38の数字が並んでいる。1から36のうち、18個は赤色、18個は黒色、そして0と00は緑で色付けされている。ルーレットの球が、赤と黒のどちらかに止まるかという賭けの場合、当たれば掛け金が2倍になって戻ってくる。当たる確率は、38分の18だから、払い戻し率は95％（つまり賭けた時点で平均的に5％を失う）ということになる。

私はかつて秋葉原で営業する合法カジノの経営者に話を聞いたことがある。合法だから、実際のお金を賭けるのではなく、あくまでもカジノの雰囲気を楽しむだけの社交場だ。

そこでは、客は換金できないチップを購入してルーレットを楽しむ。換金されることはなくても、たまに運が良くて、どんどんチップを貯め込んでしまう客がいるという。

ただ、心配はないそうだ。ルーレットにボールを投げ込むディーラーは、90％以上の確率で、狙った目にボールを入れることが可能だからだ。チップを貯め込みすぎた客からディーラーはいつでもチップを取り返すことができるのだ。なお、それを可能にするためには、ルーレット台に完璧な水平を与えないといけない。ボールのコントロールはそれくらい繊細な作業なのだ。

だから、開店に際して経営者が一番心を砕いたのは、完璧な水平を確保するための基礎工事だったという。そうしたインチキがあふれているのがギャンブルの世界なのだ。

SNS型投資詐欺はこうしてダマす

2024年7月31日、警察庁がSNS型投資詐欺の被害状況を発表した。

月別の状況を見ると、2023年前半は、1カ月あたり100件前後だったのが、7月には204件と倍増し、12月には369件と4倍近くに増え、2024年3月には700件を超えている。被害件数は、メタ社が措置を講ずると主張した2023年9月以降も急増を続けたのだ。

1～6月までの累計で見ると、SNS型投資詐欺は3570件で被害総額は506億3000万円、1件あたりの被害額は1000万円を超え、特殊詐欺の242万円を大きく上回っている。被害の最高額は4億5000万円となっているが、2024年4月には、茨城県の70代女性が約8億円をだまし取られる事件も発生している。

詐欺の典型的な手口は、SNS上で著名人が投資を勧誘する広告をクリックさせることから始まる。男性の場合はフェイスブック、女性の場合はインスタグラムがもっとも利用

SNS型投資詐欺の被害件数（警察庁まとめ）

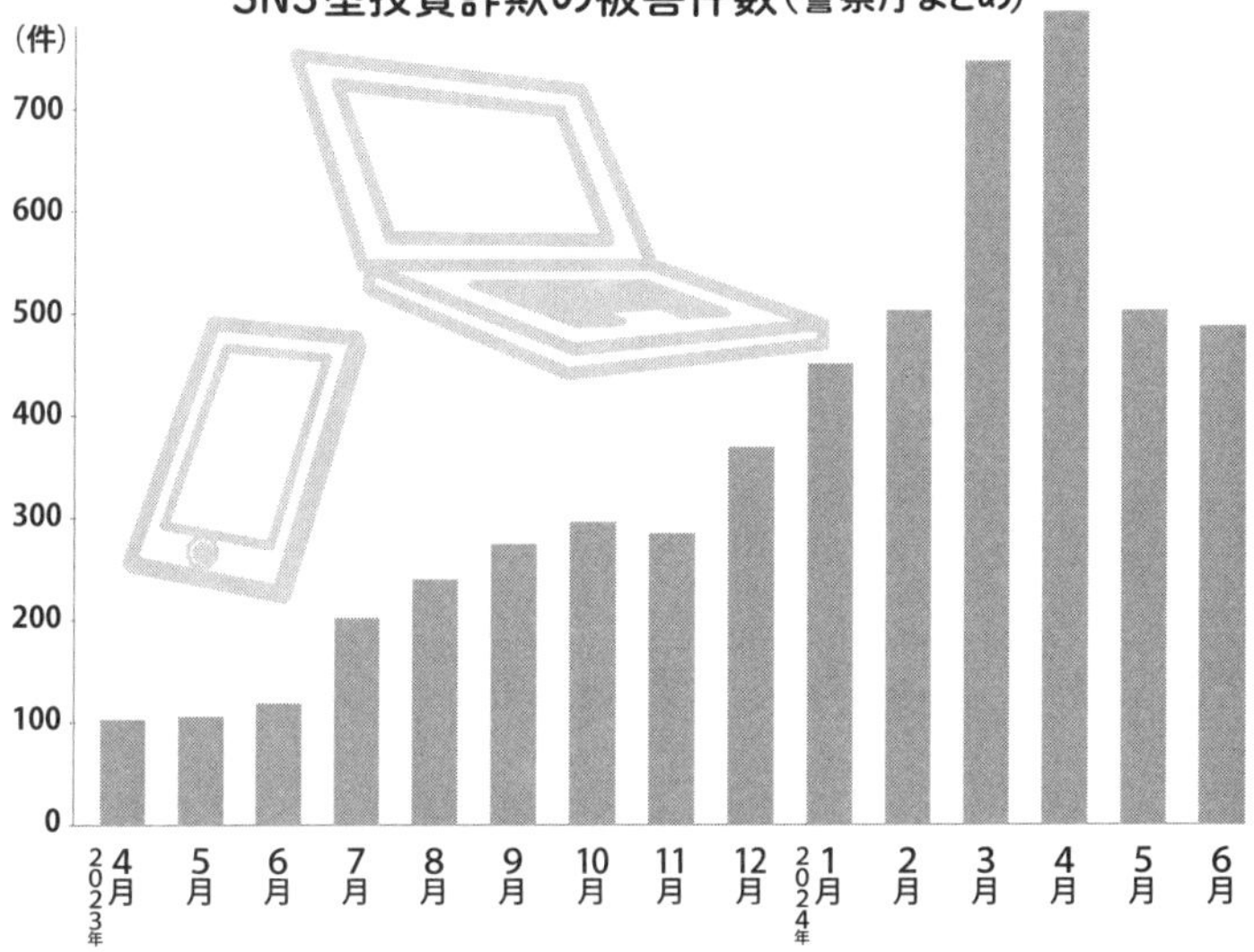

されている。

クリックすると、LINEのグループチャットに誘導され、そこで著名人自ら、あるいはそのアシスタントが投資のアドバイスをしてくる。短期間で数倍、数十倍のリターンが得られる投資商品を推奨してくるのだ。

グループチャットには数十人から数百人が参加していて、大儲けができたと自慢をする人がたくさん現れるのだが、そのほぼすべてがサクラだ。もちろん投資を勧誘する著名人も、写真を勝手に使われた完全な偽物なのだが、それでも被害が急増している1つの要因は手口が巧妙化していることだ。

たとえば、グループチャット上で投資の指導をする著名人に対して、「本物の先生ですか？」という質問をすると、運転免許証の画像を送ってきたり、人工知能を用いて作成した本人に似せた音声メッセージを送ってくる。

私はこのSNS型投資詐欺に関してかなり詳しい。なぜかと言うと、私の名前を騙《かた》るSNS型投資詐欺の件数がもっとも多いからだ（左ページの図を参照）。

私のメールアドレスにSNS型投資詐欺の問い合わせや被害報告が届くようになったの

メタ社の投資広告に登場する著名人ランキング

順位	名前	肩書	登場回数
1	森永卓郎	経済アナリスト	3035
2	堀江貴文	実業家	1767
3	西村博之	「2ちゃんねる」開設者	1144
4	村上世彰	投資家	872
5	池上彰	ジャーナリスト	871
6	小手川隆	投資家	544
7	前澤友作	実業家	531
8	岸博幸	大学教授・元官僚	519
9	三崎優太	実業家	517
10	中田敦彦	芸人	384
11	桐谷広人	将棋棋士・個人投資家	364
12	岡崎哲二	大学教授	359
13	木野内栄治	大和証券アナリスト	253
14	テスタ	個人投資家	219
15	田原総一朗	ジャーナリスト	217
16	荻原博子	経済ジャーナリスト	192
17	永濱利廣	第一生命経済研究所エコノミスト	161
18	北尾吉孝	SBI ホールディングス社長	138
19	三木谷浩史	楽天会長	102
20	与沢翼	実業家	81

メタ社が提供するフェイスブックやインスタグラムなどのサービス上で2024年1月～4月11日までに配信された「投資」という言葉を含む広告2万742個を調査（2024年4月14日、産経新聞電子版）

は2023年春ごろからだった。以来、毎日平均3人ほどの被害者から連絡が来るから、合計でこれまで1000件以上の連絡が来た計算になる。

詐欺の手口は微妙に異なっているのだが、父親が騙された大学生から送られてきたメールで基本的なパターンをご紹介しよう。

▼講座に参加したきっかけ

一緒に生活している父から、森永さまが講師をされている投資の講座に参加していると聞きました。Facebookの広告をきっかけに講座を知り、広告から「森永卓郎」という名前のLINEアカウントに友達登録をしたそうです。後日、そのアカウントからメッセージが届き、金《きん》の取引のグループに参加しました。それ以降、他の参加者たちとともに、LINEを通してレクチャーを受けながら投資を行なっています。

▼LINEグループと参加条件

LINEグループでは、森永さまが投資に関する方針を決定します。森永さまの他に、「かずみさん」と呼ばれているアシスタントがおり、参加者に具体的な指示をしたり、参加者の相談に乗ったりするのは彼女です。講座に参加する条件として、参加者は投資で稼いだお金の15％を、講座料として森永さまにお支払いする必要があります。森永さまは受け取った15％のお金を子どもの貧困の支援などに使うと説明しています。

▼個別のＬＩＮＥで個人相談

私的な相談事は、かずみさんが個別のＬＩＮＥで対応しているようです。父は、最初は半信半疑でしたが、この個人相談を通して今ではかずみさんを信頼しています。取引に不安があると伝えると、かずみさんが今までの彼女自身の取引の実績を「今日はいくら稼いだ」「今まではいくら稼いだ」などと教えてくれます。また、森永さまの著書である『ビンボーでも楽しい定年後』（中公新書ラクレ）を実家に郵送という形でプレゼントしてくれました。

▼金取引に使用するアプリ「Quantia」

LINEグループに参加すると、まず、金取引に使用する「Quantia」というアプリを手持ちの端末にインストールするように言われます。父の場合はiPhoneに「Quantia」をインストールしていました。iPhoneの場合、アプリはApple公式のストアであるApp Storeからインストールするのがふつうですが、「Quantia」はApp Storeではなく、ウェブサイトからインストールできる非正規アプリ（いわゆる野良アプリ）です。

▼「Quantia」の使い方

金の取引はすべてQuantiaを使って行ないます。Quantiaの取引画面は複雑ですが、重要なのは、画面中央に表示されている数字が金の相場価格を示しているということです。私が父に画面を見せてもらったときは「1,996.15」などと表示されていたと記憶しています（単位は不明です）。金の相場価格は現在2,000前後を行ったり来たりしています。高いときに金を売り、安いときに買うのが基本戦略です。

父は現在300万円投資しています。金取引は今まで合計3、4回行ないました。1回目の取引では10万円以上勝ち、取引の直後、かずみさんに「手に入れたお金を引き出してみましょう」と促され、５万円程度を引き出したそうです。これは、参加者がいつでも任意にお金を引き出せるということを伝えるためです。２回目以降も取引は毎回成功しており、１回の取引で30万円以上稼ぐこともあります。

ＬＩＮＥグループに引きずり込まれたあと、投資を勧められる商品は、金（ゴールド）のほかに、原油、仮想通貨などさまざまだ。共通しているのは、取引が行なわれる市場が現実に存在する取引所ではなく、架空のものだということだ。

また、スマホに配信される投資商品の価格も、詐欺師が勝手に決めているものだ。だから、詐欺師はいつでも投資家を破産させることができる。「投資商品の価格がゼロになった」と通告すれば済むからだ。

ただ、私が知る限り、すぐにそうした手段に出る詐欺師はいない。むしろ、どんどん投資商品の価格を吊り上げて、投資家を喜ばせる。そして、「もっと儲けましょう」と言って、さらなる投資資金を引き出すのだ。投資家が見ている膨張した投資資金はバブルというよりイリュージョンだ。

やがて投資家は投資資金を現金化しようと考え、投資の解約を申し出る。

そこで詐欺師はこう言うのだ。

「資金の引き出しのためには手数料と税金で10％の費用が必要になります。それをまず支払ってください」

たとえば、投資家が投資した1000万円は、わずか数カ月で1億円にまで値上がりしている（ことになっている）。1億円の10％は1000万円だから、投資家はさらに1000万円を追加送金する。最初に投資した1000万円を合わせると2000万円だ。

それでも、8000万円の利益が出るのだからと考えて送金をすると、その時点でLINEグループが解散され、毎日連絡してきたアシスタントとは一切連絡が取れなくなるのだ。

SNS型投資詐欺では、これまで数人が警察に逮捕されているが、それは末端の手先ばかりで、首謀者が逮捕されたことも、そして被害金額がすべて投資家に戻されたことも一度もないのだ。

イスラム世界で金利が禁じられているワケ

金融仲介業者は、胴元として投資家から巻き上げたカネで、豪邸に住み、スポーツカーを乗り回し、高級レストランで目の玉の飛び出るくらい高いワインを飲む。

私からすると、彼らはなんの付加価値も生み出していないにもかかわらず、庶民から見たら目のくらむような暮らしをしているのだ。私は直接知らないのだが、アメリカのインベストメントバンカー（投資銀行の社員）の間では、麻薬と買春が常態化しているという話もある。

金融仲介業者がぼろ儲けをするという構造は、昔から変わっていない。だから、いまでもイスラム世界では、金利を取ることを宗教的に禁じている。

じつは、中世までキリスト教でも同じ規制があった。そして、金融仲介業者の地位は、社会の構成員のなかでもっとも低く、一説によると「牛馬」と同じ程度だったそうだ。

ところが、そうした状況を打ち砕いたのがルネサンス期のイタリア・フィレンツェで銀行家として財をなしたメディチ家だった。

メディチ家は、金融仲介業者の地位を上げるため、教会に取り入ることにした。

しかし、露骨な贈賄《ぞうわい》はかえって逆効果になってしまう。そこで彼らは、教会に著名作家の宗教画を寄付することにした。

絵画の価値というのは不明瞭だ。10億円する絵画もあれば、まったく市場価値を持たない絵画もある。もちろん著名作家の作品だから、本当は高価なのだが、価値が不明瞭というところが最大のポイントで、金銭の寄付と比較して贈賄を糾弾されるリスクがとても低いのだ。さらにメディチ家が狡猾《こうかつ》だったのは、その絵画のなかに教会の幹部の姿をさりげなく描かせ、時にはメディチ家の人々も登場させたという。

そうやってメディチ家は徐々に教会に接近していき、やがて「人」並みの地位を確立していった。

カネの力で自らの地位を高めるという金融仲介業者の行動はいまに至るまでまったく変わっていない。

たとえば、アメリカでは共和党、民主党の双方に巨額の献金を続けることによって、大きな政治的影響力を持っている。

2008年9月のリーマンショックは、投資銀行が作り出した「インチキ金融商品」のバブル崩壊によって世界経済を100年に一度の危機に陥れたのだが、金融業界から逮捕者は1人も出なかった。それどころか、アメリカ政府は、国民の税金を大量につぎ込んで金融業界を救ったのだ。

きれいな都心のオフィスで、バリっとしたスーツを着こなし、小難しい専門用語で会話する金融村の住人のことを多くの人が「エリート」だと勘違いしている。

しかし、忘れてはならない。彼らの本質は「牛馬」なのだ。

第4章 扇動する政府とメディア

バブルの真犯人❷

バブル発生時に起こる現象

前章で述べたように、バブルを生み出す主犯は、金融仲介業者や詐欺師たちだ。だが、さらに大きな役割を果たす存在がいる。メディアや評論家、そして政府だ。

それについて、1920年代のアメリカ社会の大転換を例に見ていくことにしよう。

第一次世界大戦の終結後、未曾有の好景気のおかげで大量生産・大量消費のライフスタイルが確立し、「個人主義と消費は美徳」という考えが国民に広がり、のちに「狂騒の20年代」と呼ばれるようになった。

そして、それを支える理論も登場した。

たとえば、のちに第31代アメリカ大統領に就任するハーバート・フーバーは、1922年に『アメリカの個人主義』(American Individualism)という著作を発表している。

そのなかでフーバーは、「個人主義は個人の創意を刺激するものであって、人生哲学の基本として重要なものである」と説いている。

それまでのアメリカは、国民生活を守るために法律や規制によって大企業の暴走を食い止めるべきであり、国民も節度ある暮らしをすべきという社会主義に近いような思想が広がっていた。それが大転換して、自由な企業活動によって生み出される新しい商品を国民はどんどん消費していくべきだという思想に変化していったのだ。

ちなみに、「ニュー・エラ（新しい時代）」、あるいは「黄金の10年間」と呼ばれる1920年代に、労働者の実質賃金はほとんど上がっていなかった。劇的に増えたのは、配当とキャピタルゲインで、その分配先は富裕層だった。

また、自由な企業活動のなかで、企業の合従連衡が進み、寡占体制の強化で大企業の市場支配力が高まっていった。さらに租税政策も、所得税の累進度の緩和やキャピタルゲインへの分離課税導入など、富裕層や大企業に有利なものに変えられていった。

つまり、大衆はバブルの空気に酔ったが、実を取ったのは大企業と富裕層だけだったのだ。庶民がバブルの恩恵にあずかる唯一の方法は、高騰する株式に投資することだった。そのことが株価バブル形成に一役買っていたのかもしれない。

留意しておくべきことは、国民全体を巻き込むバブルが発生するときには、「一見新奇な」技術や商品が登場し、それをメディアや評論家が煽ることで投資熱が高まっていくということだ。

それは、これまで述べてきた1630年代の新種のチューリップに始まり、開発利権を持つとされたミシシッピ会社やサウスシーカンパニーの株式、1830年代のイギリスで敷設された鉄道、1920年代のアメリカで起きた自動車や家電製品、1980年代後半の日本の不動産神話、1990年代後半の世界を巻き込んだITバブルなど、多くの巨大なバブルに共通している。

こうした一見新しい商品は、ほぼ例外なく、技術的には新しい商品とは言えないどころか、古いものばかりだ。

たとえば、ガソリンエンジンの自動車が最初に作られたのは1876年だが、アメリカの自動車バブルは、それから50年ものちに起きている。

また、日本の通商産業政策ビジョンに「知識集約化」が盛り込まれ、IT産業の振興が国の政策として掲げられたのが1971年、ITバブルが発生する25年も前だった。

なぜ、そんなことが起きるのか。答えはとても簡単だ。

庶民は新しい技術に関する論文など読まないし、読んだとしても、最先端の研究のことなどまったく理解できない。

庶民が新しい技術を理解し始めるのは、その技術がきちんと確立されて、現実社会のなかで使われ始めてからなのだ。それでも初めのうちは、庶民が新しい技術を正確に理解することはないから、あらぬ幻想を抱いて、過大な投資をしてしまうのだ。

アメリカの自動車バブルのときには、「自動車さえ持っていれば、ビジネスがうまくいく」という幻想が生まれた。それどころか、繁栄する自動車会社にあやかろうと、自動車産業と関係のない業種の会社が、次々に○○モーターズという名前に社名変更までしたのだ。

「生成AI」はバブルか？

2024年現在、起きているバブルの最大のテーマは「半導体」だ。

アメリカ半導体大手のエヌビディアの株価は、2024年6月18日に3・5%上昇して、136ドルと過去最高値を記録した。この結果、同社の時価総額は3兆3400億ドル（約527兆円）に達して、マイクロソフトを抜いて時価総額で世界1位となった。

日本のGDPが592兆円だから、エヌビディアの価値はたった1社で、その9割近くを占めることになる。ちなみに1年半前のエヌビディアの株価は8分の1だった。

エヌビディアに投資資金が集中しているのは、同社が人工知能で使われるＧＰＵ（画像処理半導体）で８割という圧倒的なシェアを持つなど、他社を寄せ付けない高い技術を誇っているからだ。そのため、エヌビディアの半導体はどんどん値上がりし、２０２４年2月～4月期の営業利益率は65％に達している。

エヌビディアに次ぐ時価総額2位となっているマイクロソフトも、評価の材料はチャットＧＰＴを運営するオープンＡＩへの投資で、まさに人工知能がアメリカの株高を支える構造となっている。投資家の世界では、今後生成ＡＩが社会を変え、巨大産業に育っていくという判断がされているのだが、私はその見通し自体がバブルだと考えている。

「狂騒の時代」と呼ばれた１９２０年代、アメリカは自動車とラジオのブームに沸いていた。ヘンリー・フォードは、大量生産方式の確立で、Ｔ型フォードの価格を工場労働者でも買えるところまで下げることに成功した。

ラジオの登場は、新しい形のエンターテイメントを創り出し、アメリカ人のライフスタイルを根底から変えた。そのなかで、フォードの自動車もゼニス社のラジオ受信機も、世界に対する圧倒的な技術的優位性を保っていた。

「ニュー・エラ（新しい時代）が到来した」と人々ははやし立て、株価は実力をはるかに超えて上昇していった。その反動が1929年10月の株価暴落につながったのだ。

いま世界の株価を空前のレベルに引き上げているテーマは生成ＡＩだ。

しかし、100年前の自動車やラジオとくらべて、生成ＡＩがどれだけ人類の暮らしを改善するのだろうか。

少なくとも現状では、生成ＡＩが持つ創造性は、人間に到底及ばない。一言でいえば、凡庸なものばかりが出てくる。高性能ＧＰＵは、ゲーム画面を高精細かつ滑らかにしたが、そのことが画期的に面白いゲームを生み出しているわけではない。

生成ＡＩが活躍しているのは、ネット空間からのアイディアやキャラクターの盗用と、ＳＮＳ型投資詐欺で著名人の映像や音声を作り出すことくらいだ。つまり、生成ＡＩがやっているのはパクリと詐欺の片棒担ぎなのだ。

エヌビディアの圧倒的技術優位がそんなに長続きしないことも歴史が証明している。フォードと同程度の品質のクルマはすぐに他社も作れるようになったし、ラジオやテレビの受信機を作り出したゼニス社は、その後競争に敗れ、すでに会社の名前自体が人々の記憶から消えている。

近年でも、ネットブラウザーのネットスケープは、インターネットエクスプローラーに取って代わられ、それがさらにグーグルに置き換わっている。「驕《おご》れる者も久しからず」なのだ。

逆に言えば、生成ＡＩにすべてを賭けるしかないほど、世界はいま新産業のネタに窮しているると言えるのではないか。

大阪・関西万博への関心が一向に高まらないのも、いま人々の暮らしを一変させるような新しい技術がどこにも存在しないからだろう。

そのことは、世界を巻き込んだバブルがいよいよ終末期を迎えたことを意味していると思われる。

１９８９年バブル崩壊前夜、エコノミストはなんと言っていたか？

バブルを扇動するメディアや評論家の特徴は、値上がり、あるいは成長が確実に保証されると人々を思い込ませるもっともらしい見通しや理論を流布することだ。

いくら人々が新し物好きでも、大事な財産を投資するのだから、当然最初は不安を抱く。

ところが、その時代の権威が、経済の成長について、あるいはもっと直接的に新しい金融商品の成長性に関して明るい展望を述べれば、権威に弱い民衆はそれに同調してしまう。

１９８０年代後半の日本のバブル期、日経平均株価は最終的に3万８９１５円まで上昇したが、当時のエコノミストたちのおもな意見は、日経平均の上昇はまだまだ続くというものだった。

マネー雑誌が次々に創刊され、「ふつうの主婦が株式投資で1億円稼いだ」といった特集を掲載し、投資行動にマネーの専門家がお墨付きを与えていた。

１９８９年末にバブルが崩壊する直前、経済の専門家や証券会社の社員が何を言っていたのか簡単に振り返っておこう。

景気予測の大家である日本経済研究センター会長（当時）の金森久雄氏は、１９８９年12月23・30日号の「週刊ダイヤモンド」で次のように語っている。


現在の景気を挫折させる要因は見当たらない。90年に岩戸景気を追い抜くのは確実だ。実質経済成長率でみれば88年度の5・3％、89年度の5％程度に続き、5％台の成長が可能である。

また成長の中身についていえば、89年は設備投資が18％増と強く、消費は4％台の増加にとどまるとみられる。90年は設備投資が若干鈍って15%となる一方で、消費が5%台になるとみられ、景気上昇のエンジンとしての役割が強まる。このように需要の構成は変わるが、90年もインフレなき成長は可能である。

金森氏と並んで景気分析で高い評価を得ていた経済企画庁顧問（当時）の赤羽隆夫氏は、1989年11月30日付けの日本経済新聞「経済教室」に「設備投資主導で拡大続く」と題する論文を寄稿している。そのなかで示した景気見通しは次のとおりだ。

主観的な確率でいえば、今後一年間日本経済は八〇%、世界経済でも三分の二の確率で好景気が期待できる。一年後でも、なお好況持続となる確率は五〇%をやや上回ると考えている。

「設備投資が好調な時に景気が悪いはずはない」と認識しているからでもある。設備投資が日本に限らず、世界の多くの国々でも好調である時期には、なおさらである。

一九八七年十月のブラックマンデー（世界的な株価暴落）直後の多くの専門家の予想に反して、その後現在に至る世界景気の好況は、世界的な設備投資ブームに主導されたものである。

経済分析の分野で最高峰の2人が、目前に迫るバブル崩壊をまったく予見していなかったどころか、足元の経済がバブルであるという認識さえまったく持っていなかったのだ。

そうしたなかで、証券会社はどのように行動していたのか。

1989年1月号の「プレジデント」には、ジャーナリストの千葉明氏が「野村証券が描く八九年『相場のシナリオ』」と題する記事を掲載している。

八八年の年の瀬も押し迫った一二月のある日、野村証券株式部長、中沢秀夫は、同社の某支店が主催する〈年末株式講演会〉の壇上に立ち、こう言い放った。

「八九年五月頃、日経平均株価は三万四〇〇〇円台に乗せます」

中沢はこの頃、いろんな講演会やら座談会に引っ張り出されて同じ発言を繰り返していた。だから、自分が、平均株価について強気の見通しを話すと、聴衆や座談会の出席者がどんな反応をするか百も承知していた。その反応はきまって、

「三万四〇〇〇円に向けて野村がどんなシナリオやテーマを用意しているのか。野村

はどんなストラテジー（戦略）をとるのか。それを早く教えてくれ」というものだった。

この日も中沢は、会場を埋め尽くした聴衆の顔をひとわたり見回し、ちょっと間を置いてこう続けたのである。

「仮にですね、われわれ野村証券の株式部門の人間が全員、今日から連日ドンチャン騒ぎの大宴会にうつつを抜かしたって日経平均は上がります。株式相場はいま、そういう宿命的なトレンドにあるということなんです」

ちなみに2024年7月に日経平均株価が4万2000円台から約2週間で3万8000円割れまで急落した事態を受けて、野村証券は7月25日にネット上の情報誌「EL BORDE」で、次のようなレポートを発表している。

今後の展望についてですが、野村では、2024年秋以降に日本株への期待が膨らむ可能性があると考えています。

まず、海外からの資金フローを確認すると、現時点で日本株への大規模な資金シフトは確認されていません。様々な仮定を置いた試算でも、海外投資家は日本株をアンダーウェイト状態にあると見られます。今後、米国の予防的利下げを念頭に、日本株のドルベースリターンの底堅さが意識されやすくなることで、アンダーウェイト状態の解消が期待されます。

日本株固有の評価要因としては、マクロ要因では、日本の賃上げ機運の再燃、日本銀行の慎重な利上げ姿勢、海外に比べた政治の安定性が挙げられます。ミクロ要因では、企業統治改革の継続、東京証券取引所が主導する低PBR（株価純資産倍率）企業に対する底上げ圧力、ポスト「伊藤レポート」の発行、株式持ち合い解消とアクティビスト（物言う株主）の存在感の高まりに伴う規律効果、中間決算期における会社計画の上方修正などが挙げられます。

内外景気を踏まえると、2024年および2025年の世界の実質GDP（国内総生産）成長率は＋3％前後の拡大が予想され、国内の名目GDP成長率も＋2〜3％の拡大が見込まれます。これにより、日本の企業業績は2024年度、2025年度ともに1桁台後半の増益が達成可能と考えられます。

為替の実勢レートなども踏まえて、TOPIX（東証株価指数）のEPS（1株当たり利益）は2024年度に179・4、2025年度に196・9と予想します。2026年度には210前後が視野に入ることから、これらを基にPER（株価収益率）で15倍前後を適用し、2024年12月末にTOPIXは3000に到達し、2025年12月末には3150に達すると予想します。また、日経平均株価は2024年12月末に42000円、2025年12月末に44000円に達すると予想します。

この見通しに、バブル崩壊前の熱狂が重なる。まさに根拠なき熱狂だ。

それっぽい理屈は一応言うものの、結局は景気と株価は上がり続けるという結論が先にあって、それを正当化する言説が繰り広げられる。そして、その言説を大衆は待ち焦がれ、強く支持するのだ。

指標は、バブルの〝満期〟を示す

そうした事情は、2024年現在でも変わらない。

人気エコノミストのエミン・ユルマズさんは、「今の日本は株価上昇のスーパーサイクルにあり、今後日経平均は30万円にまで上昇するだろう」と語っている（２０２４年４月9日配信、楽待新聞）。

その根拠は、東証プライムのＰＥＲ（株価収益率、純利益の何倍の株価がついているのかという数字で、株価の割高・割安を判断するための指標）を見ると、バブル期は非常に高かったのが、この10年間、およそ10倍台後半で推移しており、バブルの水準ではないという点を挙げている。

しかし、問題は「バブル期には利益水準そのものが押し上げられる」という現象が発生することだ。

いわゆる「財テク」で金融収支がプラスになったり、おいしい仕事が転がり込んできたり、通常では考えられない利益拡大が生ずるのだ。

そこで、ノーベル経済学賞を受賞したロバート・シラー教授は、「ＣＡＰＥ《ケイプ》レシオ（シラーＰＥＲ）」という株価収益率（ＰＥＲ）の改良版を発明した。利益を物価で割り引いて実質化し、10年間の移動平均をとることで、より明確に株価の割高度合が表れるようにしたのだ。

左ページの図表に示したのがアメリカのS&P500を対象としたCAPEレシオの推移だ。この指標が25倍を超える期間がある程度継続するとバブルが崩壊するというのがこれまでの経験だ。

過去を見ると、ITバブルのときが79カ月、リーマンショック前が52カ月でバブルは崩壊した。

現状でCAPEレシオは、30倍を大きく上回っており、しかも25倍を超えている期間が2014年6月から継続している（瞬間的な例外を除く）ので、すでに120カ月が経過している。

現状はバブルである以上に、それがいつ崩壊しても不思議ではない「満期」にきているのだ。

念のため、もう1つ株価の割高指標をチェックしておこう。

「投資の神さま」と呼ばれるウォーレン・バフェットが考案したとされるバフェット指標だ。株式時価総額を名目GDPで除して計算する単純なもので、適正水準は100%だとされている。

S&P500のCAPEレシオの推移

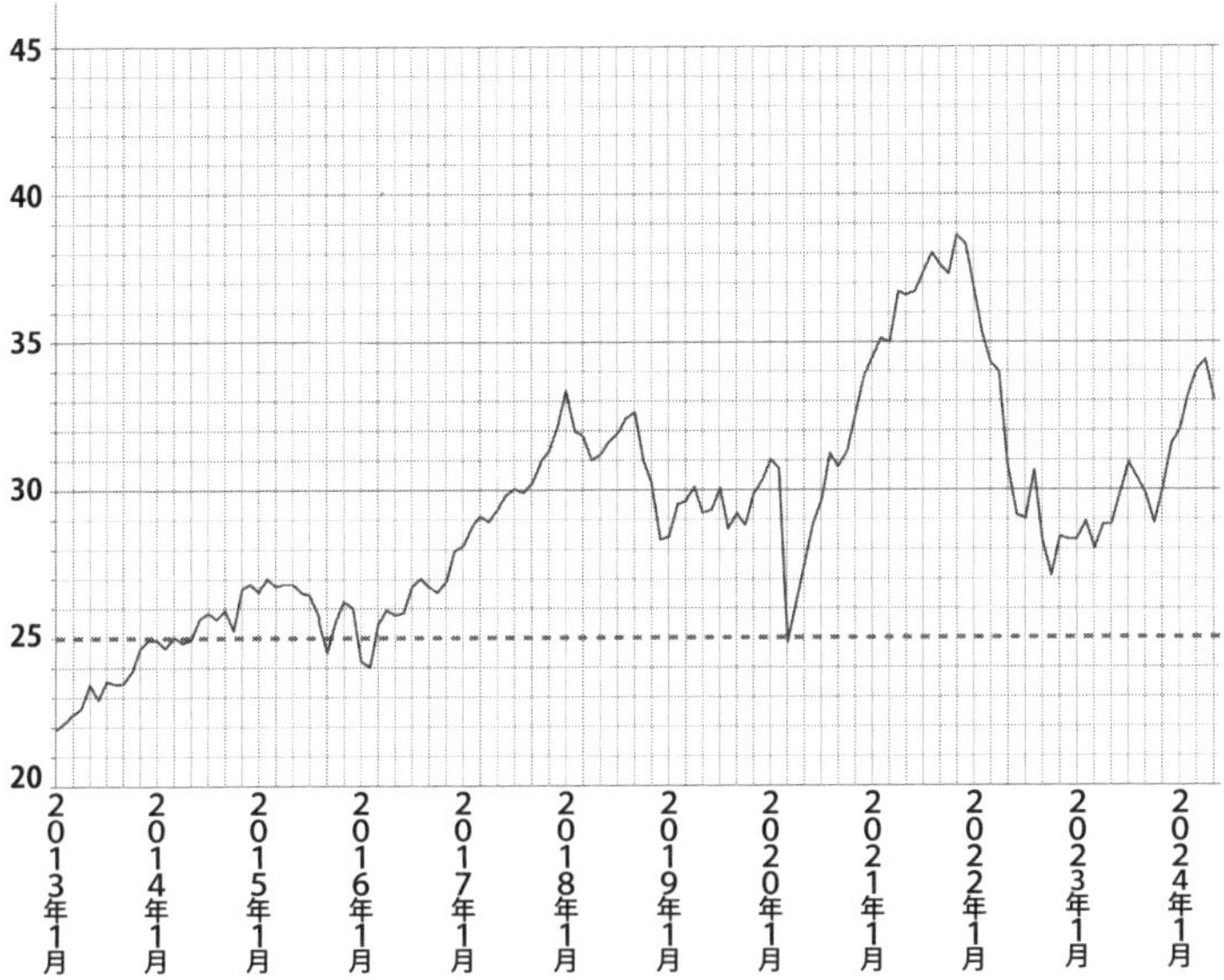

出所　株式マーケットデータ　https://stock-marketdata.com/cape00top.html

左ページの図表をご覧いただきたい。そのバフェット指標が、最近ではほぼ200%となっている。本来の2倍の割高となっているということだ。

「長期・分散投資」を検証してみると…

しっかりとデータを見れば、現状がバブルであることは間違いないのに、ほぼすべてのエコノミストや評論家はその事実を認めない。

それは、認めたら「商売あがったり」になってしまうからだ。

私自身の経験から話をすると、私の金融関係の講演は、通常料金の2倍に設定している。暗号資産やFXなど、リスクの高い金融商品がテーマの場合は、その2倍、つまり通常料金の4倍だ。

それだけの料金でも、そこそこの引き合いは来る。ただし、そこには重要な条件がある。それは「まだまだ価格が上がる」と主張するか、少なくともそれを否定しないということだ。もし、「これから価格が下がる」という主張をあらかじめ伝えれば、講演は断られる。当日、聴衆の熱狂を冷ますような発言をしたら、もう二度と呼ばれなくなる。

バフェット指標のチャート

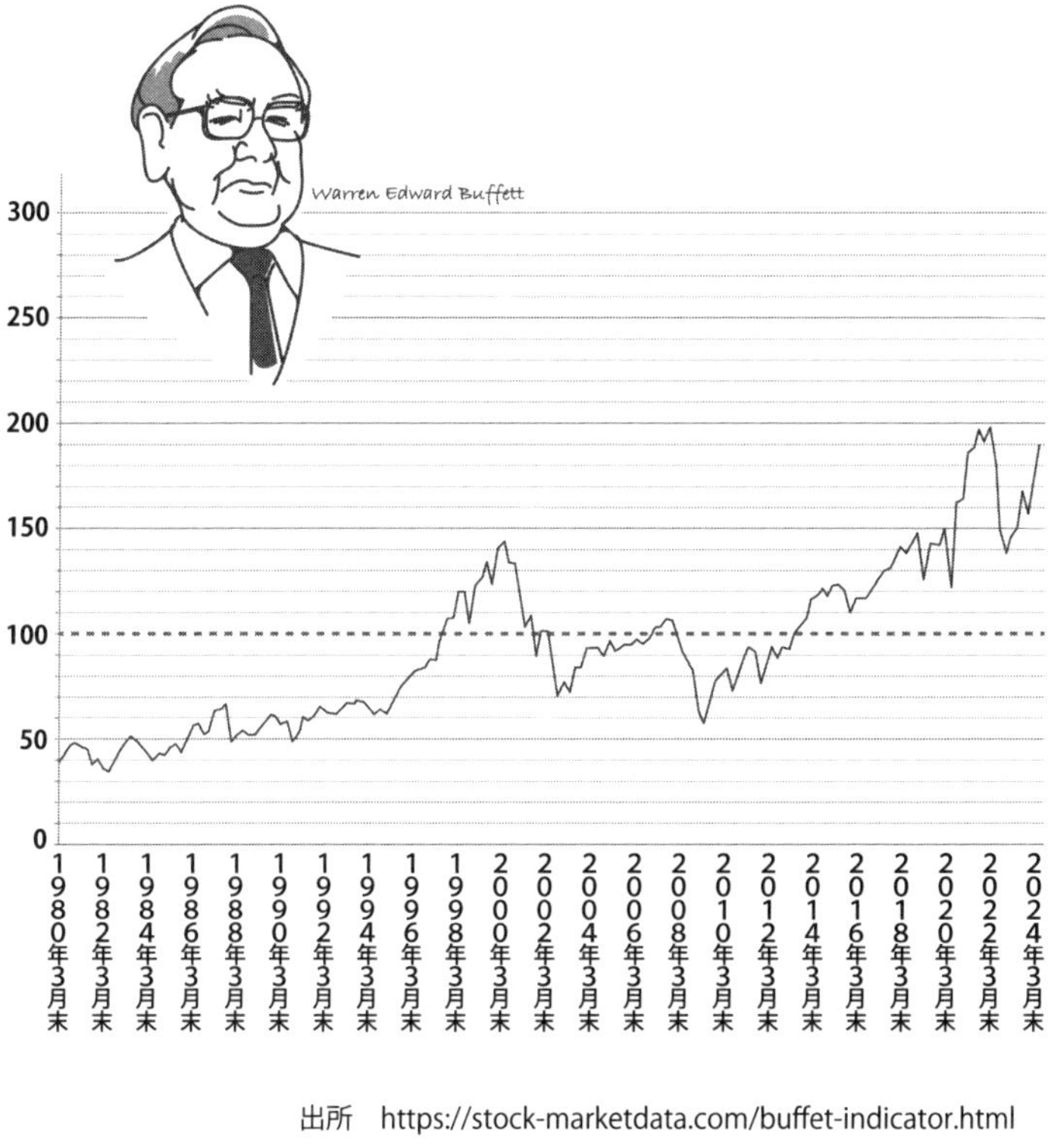

出所　https://stock-marketdata.com/buffett-indicator.html

CS放送の番組で「暗号資産特集」が組まれ、私はゲストに呼ばれた。番組のエンディングで司会者が言った。

「これからビットコインの価格がどうなるか、フリップにお書きください」

私は迷うことなく、「ゼロ」と書いたフリップを掲げた。その番組から声がかかることは二度となかった。

バブルを煽ったほうが儲かるというのは、対スポンサーだけにとどまらない。国民全体が陶酔的熱狂に陥っているときは、国民に対しても、高値の裏付けを与え、未来への希望を語ったほうがずっと受けがよいのだ。

そうしたなかで、最近の評論家がほぼ共通して挙げる投資理論がある。それは次のようなものだ。

「たしかに株価はアップダウンする。バブル崩壊で急落することもありえる。しかし、投資銘柄をできるだけ分散し、放ったらかしで長期間保有すれば、確実に高いリターンが得られる」

本当だろうか。

次ページの図は、過去20年間の日本ダービーの結果だ。

ここでは優勝馬を予想するのではなく、分散投資をすることを考えよう。

すべての出走馬に単勝で１００円ずつ賭けるのだ。レースごとに見ると、掛け金を上回る払い戻し金が得られたことは3回（２０１０年、２０１９年、２０２４年）ある。

大荒れとなったレースでは、分散投資はプラスの成果をもたらすのだ。

しかし、20年間の合計で見ると、配当率は75・２％と１００％を下回る。

理論的には賭けを繰り返せば繰り返すほど、配当率は胴元の取り分を除いた75％に近づいていくのだ。

先に述べたように、お金が自動的に増えることはない。お金が増えるのは、働いたときと他人から奪ったときだけだ。だから、分散投資などしていたら、胴元の一人勝ちになってしまうのだ。

それでは、「長期」投資は確実な効果を挙げるのだろうか。

１３０ページの図は、アメリカのS&P５００に毎年１０００ドルずつ投資し、２０２４年の投資実行直後にバブルが崩壊して、株価が10分の１に暴落したとしたときの

日本ダービーで「分散投資」してみると…

	出走頭数	優勝馬	単勝払戻	掛け金総額	配当率
2005	18	ディープインパクト	110	1800	6.1
2006	18	メイショウサムソン	380	1800	21.1
2007	18	ウオッカ	1050	1800	58.3
2008	18	ディープスカイ	360	1800	20.0
2009	18	ロジユニヴァース	770	1800	42.8
2010	17	エイシンフラッシュ	3190	1700	187.6
2011	18	オルフェーヴル	300	1800	16.7
2012	18	ディープブリランテ	850	1800	47.2
2013	18	キズナ	290	1800	16.1
2014	17	ワンアンドオンリー	560	1700	32.9
2015	18	ドゥラメンテ	190	1800	10.6
2016	18	マカヒキ	400	1800	22.2
2017	18	レイデオロ	530	1800	29.4
2018	18	ワグネリアン	1250	1800	69.4
2019	18	ロジャーバローズ	9310	1800	517.2
2020	18	コントレイル	140	1800	7.8
2021	17	シャフリヤール	1170	1700	68.8
2022	18	ドウデュース	420	1800	23.3
2023	18	タスティエーラ	830	1800	46.1
2024	17	ダノンデサイル	4660	1700	274.1
20年合計	**356**		**26760**	**35600**	**75.2**

損失率と損失額を示したものだ。

いつ投資を開始したのかは、一番左の列に書いてあり、たとえば２００４年の行の数字は、２００４年から21年間にわたって「１０００ドル投資」を続けてきた（そして２０２４年に暴落した）ときの〝成果〟となっている。

これを見ると、たしかに株価が暴落したときの損失率（損失額÷累積投資額）は、長期投資を続けたときのほうが小さくなる。

ただ、注目すべきは、損失の絶対額（一番右端の数字）は、長期に投資を続けたときのほうが大きくなることだ。

それは、ギャンブルに共通する特徴で、長年ギャンブルを続けた人が抱える損失は、最近始めた人よりもほとんどの場合、大きくなる。

逆に、ギャンブルで儲けを出している人は、ビギナーズラックで大当たりをして、そこでさっさとギャンブルから引退した人だ。

しかし、それができる人はほとんどいない。パチンコでも深追いをせずにフィーバーのあとにさっさとやめればよいのだが、私自身の経験も踏まえて言うと、それはなかなか難しいことなのだ。

「長期投資」を検証してみると…

開始年	投資金額	累積投資額	累積評価額	損失率	損失額
2004	1000	21,000	6,387	69.6%	14,613
2005	1000	20,000	5,918	70.4%	14,082
2006	1000	19,000	5,469	71.2%	13,531
2007	1000	18,000	5,049	72.0%	12,951
2008	1000	17,000	4,693	72.4%	12,307
2009	1000	16,000	4,275	73.3%	11,725
2010	1000	15,000	3,693	75.4%	11,307
2011	1000	14,000	3,174	77.3%	10,826
2012	1000	13,000	2,769	78.7%	10,231
2013	1000	12,000	2,377	80.2%	9,623
2014	1000	11,000	2,044	81.4%	8,956
2015	1000	10,000	1,771	8.23%	8,229
2016	1000	9,000	1,512	83.2%	7,488
2017	1000	8,000	1,257	84.3%	6,743
2018	1000	7,000	1,037	85.2%	5,963
2019	1000	6,000	840	86.0%	5,160
2020	1000	5,000	658	86.8%	4,342
2021	1000	4,000	486	87.9%	3,514
2022	1000	3,000	361	88.0%	2,639
2023	1000	2,000	220	89.0%	1,780
2024	1000	1,000	100	90.0%	900

（注）S&P 価格は各年の６月月初の数字。

長期投資をしてもお金は増えないという私の主張に、投資促進派はこう反論してくるだろう。

「バブルが崩壊したあともずっと株式を持ち続けていれば、やがて暴落分を取り返すことができる。現に１９２９年の大暴落のときも、四半世紀後には暴落前の株価を取り戻しているではないか」

たしかにそのとおりだが、私はこれから起きる史上最大の暴落のあとは、二度と株価が戻ってこない可能性が十分あると考えている。

それは資本主義が終わるからだ。

これまで、暴落のあとに株価が上がってきたのは、そこで新たなバブルが生まれたからだ。いまの株高は１９２９年の暴落のあとから始まった１００年バブルのピークと理解することもできる。

バブルは資本主義の宿命だ。バブルと資本主義はセット商品と言ってもよいかもしれない。

しかし、資本主義が終われば、バブルは二度と発生しなくなるのだ。私は近い将来それがやってくると考えている。

なぜ、100周年企業が続出しているのか？

不況のときこそ、経済社会の構造転換が起きる。順風満帆のときに大変革をしようとする人はほとんどいないからだ。

この数年の日本には、創業100年を迎える企業が非常に多かった。毎年、2000社以上が100周年を迎えたのだ。

それはなぜか。100年ほど前に、日本人のライフスタイルの大転換が起きたからだ。第一次世界大戦終結後の日本は、戦争特需の喪失で大不況に陥ったが、そのなかで庶民に「和洋折衷」という形で西洋文化を採り入れるライフスタイルの転換が起きた。

明治維新で欧米化したのはエリートと富裕層だけで、庶民は江戸時代からの暮らしを大正時代まで引っ張っていた。

しかし、そこに大量の欧米文化が流入したのだ。

それを受けて、パイロット万年筆やトンボ鉛筆、サクラクレパス、江崎グリコ、白洋舎、椅子のコトブキなどの企業が創業した。庶民のライフスタイルが西洋化して、その需要の変化に対応するための創業が相次いだのだ。

半紙に筆で文字を書くのではなく、筆記用具として万年筆か鉛筆を使う。墨ではなくクレパスで絵を描く。着物ではなく洋服を着るようになったからクリーニングが必要になる。畳で正座するのではなく靴を履いたまま椅子に座る。

そうしたライフスタイル変化に対応した新しい企業が次々に創業したのが100年前だった。

私は、今回のバブル崩壊以降に、100年前に起きたのと同じくらいのインパクトを持つ構造変化が起きると考えている。

SINIC（サイニック）理論をご存じだろうか。

オムロン（立石電機）の創業者・立石一真《たていしかずま》氏らが未来のビジョンを描くために1960年代に開発し、1970年に発表した未来予測理論だ。

SINIC理論では、科学・技術・社会の三者が、相互に影響を及ぼしながら発展していくと考え、それにもとづいた未来シナリオを提示している。

SINIC理論は、いまから50年以上前に、1974年から始まる情報化社会を正確に予測し、2005年からは「最適化社会」に大転換すると予言していた。

最適化社会というのは、すべてのモノやヒトがインターネットにつながり、個人の多様なニーズが容易に満たされる社会のことだ。50年前はスマホの登場など想像もつかなかったはずだが、見事にいまのネット社会を予見していたのだ。

そして、SINIC理論は、2025年には経済社会が再び大きな構造転換を果たし、最終的には「自律社会」に変わっていくだろうと予測している。自律社会は、①自立、②連携、③創造の3本柱で構成される。

自立というのは、一人ひとりが、あるいは一社一社の企業が、精神的にも、経済的にも自立することだ。ただ、人や企業は社会的な生き物だから、孤立していたら生きられない。だから一見、自立と矛盾する「連携」が必要になる。そして、自律社会のもっとも重要な構成要素は「創造」だ。今後、人工知能やロボットの発達で、定型的な仕事はすべて人工知能とロボットがやるようになる。そのとき人間の仕事は、創造的な仕事しかなくなるのだ。

資本主義が行き詰まる4つの理由――マルクスの予言

いまから150年も前、マルクスも資本主義が行き詰まることを予見していた。

その理由は、

①許容できないほどの格差
②地球環境破壊
③少子化
④ブルシットジョブの蔓延

の4つで、これらはいずれもいま、まさに大きな問題になっている。

①許容できないほどの格差

国際NGOのオックスファム・インターナショナルは、「世界でもっとも裕福な26人の資産の合計が、経済的に恵まれない世界人口の38億人（世界人口の半数）の資産合計とほぼ同じ」だとする報告書を2019年1月に発表している。

26人の大半はアメリカ人で、日本人にはそんな超お金持ちはいない。

だが、キャップジェミニというフランスのコンサルティング会社の「世界富裕層レポート」によると、日本には100万ドル以上の投資可能資産を持つ富裕層が316万人もいる。投資可能資産というのは、右から左に動かせるお金のことで、家やクルマや畑や山は含まれない。これはアメリカに次いで世界第2位の数だ。

彼らの収入源は、株式や不動産の譲渡益で、働いて稼いでいるわけではない。それが金融資本主義の特徴でもある。

②地球環境破壊
国連傘下の世界気象機関（WMO）は2023年5月17日、世界の年間平均気温が2023~27年の5年間で、産業革命前とくらべ1・5℃以上高くなる確率が66%という予測を公表した。

地球温暖化防止の国際枠組みであるパリ協定は、今世紀末の気温上昇を1・5℃以内に抑える目標を掲げている。そうしないと地球が壊れるからだ。

つまり、5年間で産業革命前とくらべ1・5℃以上の気温の上昇が3分の2の確率で起きるということは、５年以内に3分の2の確率で地球が壊れるということだ。

ＷＭＯは２０２４年3月19日に、２０２３年の世界の気象状況をまとめた報告書を公表した。

それによると、世界の平均気温は、産業革命の前にくらべておよそ１・45℃上昇しており、過去１７０年間あまりの観測史上、もっとも高くなった。

ＷＭＯのサウロ事務局長は「一時的ではあるが1・5℃の気温上昇にこれほど近づいたことはない。気候危機は人類の決定的な課題だ」とのコメントを発表している。

このように地球温暖化対策はもはや待ったなしの状況になっている。アメリカの富裕層は、仕事もレジャーもちょっとした買い物もプライベートジェットで出かける。そんなことをしていたら地球環境は守れないのだ。

③少子化

少子化の進展も、先進国で共通して進んでいる。２０２３年の日本の出生数は前年比5・6％も減って、72万人になってしまった。

マルクスは、少子化が進む原因として、「資本家は労働者が翌日、再び会社に来られるだけの再生産を行なうための賃金は支払うが、労働者が結婚して子育てができるレベルの賃金は支払わないからだ」としている。

いまの日本でも平均年収170万円の非正規社員には結婚の機会がほとんどない。岸田政権が行なっているのは「子育て支援」で「少子化対策」ではない。

このまま弱肉強食政策を進めたら、日本が消えていってしまうだろう。

④ブルシットジョブの蔓延

ブルシットジョブもすでに蔓延している。典型はアマゾンの物流センターで働くピッキングのアルバイトだ。

アルバイトは、ハンディ端末を持たされ、その画面にはコンピュータの指示が表示される。アルバイトはそれにもとづいて倉庫の棚から商品を探し出し、出荷の窓口に持っていく。

そのピッキングのたびに「次のピッキングまであと何秒」という表示が出る。この制限時間内にピッキング作業が終わらないと自動的にその回数がカウントされ、成績が悪いアルバイトは、帰り際にスーパーバイザーから厳しく叱責される。

アルバイトに指示されるピッキングの制限時間は、商品までの距離をコンピュータが瞬時に計算することによって自動的に変わる。もちろんぎりぎりの時間だ。つまり、秒単位で機械に見張られているのだ。

あるジャーナリストが万歩計を装着してピッキングのアルバイトに潜入調査したところ、1日の歩数は2万5000歩を超えていたという。コンピュータの指示のもとで、きつくて面白味のない仕事をひたすら繰り返す。これこそグローバル資本主義がもたらした「働き方改革」なのだ。

こうした深刻な矛盾が限界値に達しようとしている現代社会は、資本主義の末期症状を示している。

そしてメタ社は投資詐欺を野放しにした

少しアプローチが異なるが、SNS型投資詐欺の「バブル」を煽ったメタ社の責任も問うておこう。

詐欺グループが運営するLINEグループに被害者が誘導される経路としてもっとも多

いフェイスブックもインスタグラムもメタ社が運営するＳＮＳだ。

私は、自分自身の偽広告が掲載され始めた２０２３年春から、フェイスブックの日本法人に抗議をしたが、メタ社は完全無視だった。

その時点で広告審査を厳格化していれば、被害を大幅に減らすことはできたはずなのだが、一切対応をしてくれることはなかった。

それは、同じくなりすましの被害者となったＺＯＺＯ創業者の前澤友作氏が、２０２３年８月にフェイスブック・ジャパンに対して行なった抗議についても同じだった。

前澤氏の抗議に対して、フェイスブック・ジャパンの回答は次のようなものだった。

Facebook Japanは、Facebookのサービス及びInstagramのサービスを所有、運営、管理又は提供していないため、ご依頼の事項に関し、本広告等について措置を取る立場にありません。利用規約に基づき、日本の利用者に対しては、MetaがFacebookサービス及びInstagramサービスを提供しています。
上記に関わらず、Facebook Japanは、事態の収束にご協力するため、今回は本書簡をMetaに転送いたしました。Metaは本書簡を拝見し、貴殿の依頼人のご懸念に

つき深刻に受け止めております。（中略）
本書簡によるご依頼に基づき、Meta は、Meta の利用規約とポリシーに違反する本広告等のような詐欺的な広告に対して措置を講じました。また、かかる措置を今後も引続き講じてまいります。
さらに、Meta は、今後発生する詐欺的な広告を予測し、削除を行えるようにする措置を実施しています。かかる措置には、ＡＩを使用して詐欺的な広告を自動検出して措置を講ずること、人手によるレビューを加えマニュアル検知とモデレーション機能を強化することなどがあります。もっとも、このような措置も完全なものではなく、広告等に生じる全ての問題を検出することは困難であることはご理解いただければと存じます。

一見、フェイスブック・ジャパンやメタ社は、詐欺広告撲滅に向けて前向きな姿勢を示しているように見えるかもしれない。
だが、実質的にメタ社が何もしなかったに近いことは、その後の詐欺広告が減るどころか増え続けていったという事実からも明らかだろう。

「AIによる詐欺広告の自動検出」というのも実効性はなかったとみられる。人間の目で見れば、詐欺広告かどうかは一瞥で判断できる。それさえできていないということは、メタ社の人工知能のレベルがとてつもなく低いということになるだろう。

私と同様になりすまし広告の被害者となった経済学者に相談すると「メタ社の日本法人には権限がなく、アメリカ本社に直接抗議をしないとダメだ」と言う。実際、彼は国際弁護士に依頼して、アメリカ本社へ直接抗議を行なった。

しかし、そこでもメタ社は実効性のある対応をしなかった。その経済学者は、勝手に名前を使われた被害者だ。にもかかわらず、メタのアメリカ本社に抗議するための弁護士費用等は数百万円に及んだという。

前澤友作氏は、2024年5月15日、メタのアメリカ本社とフェイスブック・ジャパンをそれぞれ提訴したことを発表した。損害賠償金として1円を請求しているという。

請求額が小さい理由を前澤氏はこう説明する。

「彼らの行為が違法なのか合法なのかまずははっきりさせたいと思います。また、彼らが努力している(してないとしか思えないけど)という詐欺広告対策についての具体的な内容提示、並びに責任者に対する法廷での証人尋問を求めます。違法となれば、詐欺被害者の損害賠償請求もやりやすくなりますし、なにより詐欺被害抑止の大きな一歩になるものと思います」

この提訴のあと、投資詐欺広告の出稿ペースは明らかに落ちていった。

もしかしたら、メタ社がようやく重い腰を上げたのかもしれないし、SNS型投資詐欺の報道が増えたことによって、詐欺自体が難しくなってきたからかもしれない。

なぜ、メタ社の対応が大幅に遅れたのか。

IT業界に詳しい人に聞くと、「金融関係の広告料はケタ違いに高い」からではないかと言う。

通常のネット広告は、1クリックで数円からせいぜい数十円程度の広告料だが、金融関係の場合は、数百円になっている可能性もあると言うのだ。それだけ金融業界が「あやしい」存在だということだろう。

新聞やテレビや雑誌には厳しい事前の広告審査があり、それを通らないとCM出稿はできない。だから、詐欺広告が出ることはほとんどない。

しかし、広告の世界でもネットメディアが主流になってくると、そうした安全装置が働きにくくなってくる。

もちろん、新聞やテレビや雑誌などの既成メディアも、現在、たとえばNISAなどの投資セミナーの広告を載せており、自ら特集を組んで、投資熱を煽っている。その広告を信じて、今後バブル崩壊で投資をした人たちが無一文になったとしても、彼らは責任を取ることはない。

「投資は自己責任」という言い逃れをつねに広告に付け加えているからだ。

「投資」を扇動する日本政府

政府が「貯蓄から投資へ」のスローガンを掲げるようになったのは、今世紀に入ってからだ。

ただ、いくら政府が旗を振っても国民は動かなかった。現に日米欧の家計の金融資産構成（2023年3月末時点）を見ても、リスク資産である株式・投資信託の保有比率は、米欧に2倍以上の差をつけられるほど低くなっている。

ごく最近まで、日本人は手堅い資産運用を考えるまともな国民だったと言えるだろう。

そこにくさびを打ち込んだのが岸田政権だった。

２０２２年11月、新しい資本主義実現会議にて「資産所得倍増プラン」が決定され、そのなかで「国民の生活を改善するために金融所得を倍増させよう」という呼びかけがなされたのだ。

資産所得倍増プランのなかで中心的な役割を与えられたのは、２０２４年１月から始まった新ＮＩＳＡ（少額投資非課税制度）だった。

プランのなかでは、５年間でＮＩＳＡの口座数を１７００万口座から３４００万口座に倍増させ、ＮＩＳＡ買付額も28兆円から56兆円へと倍増させる計画が示された。そのことによって、家計による株式・投資信託・債券などへの投資残高を倍増させるとしたのだ。

この政府の策略に国民はまんまと乗せられてしまった。２０２４年3月末のＮＩＳＡ口座数は２３２３万口座と、１年前とくらべて24％、４４９万口座も増加したのだ。

それは、ある意味で仕方がないのかもしれない。少子高齢化のなかで、今後、高齢期を含めて社会保障負担は高まっていく。逆に、年金などの社会保障給付は減っていく。そうしたなか、老後資金が定年時に２０００万円も不足するという脅しがかけられる。

さらに、実質賃金は2年以上、下がり続けていて、真面目に貯蓄を重ねるだけで老後生活の準備をするのはなかなか難しそうだ。さらにインフレが続けば、貯蓄は目減りしていく。そうなると、いま持っている資金を投資で増やしていく以外に方法はないと考える国民がたくさん出てきても不思議ではない。というより、実際にそうした行動をする国民が劇的に増えているというのが現状なのだ。

しかし、そのことは営々と貯めてきた資金を大きなリスクにさらすことになる。極論すれば、今後バブルが崩壊すれば、老後資金が露と消える可能性も十分あるのだ。

老後資金を競馬や競輪で運用しようとする人はいないだろう。

しかし、新NISAのもとで行なわれる投資の本質は競馬や競輪と同じだ。

つまり、いまの政府の行動は、国民が抱える不安を「テコ」にして、国民全体を投資依存症、すなわちギャンブル中毒に陥れるようなものなのだ。

大阪・関西万博の、隠された目的

2025年に開催予定の大阪・関西万博の会場建設費が、最大2350億円（うち国費負担783億円）となることが明らかになった。会場建設費とは別に警備費用などの国費負担が別途837億円あるので、国民負担は合計1620億円ということになる。建設費は、当初予算とくらべると1・9倍の大幅増だ。

開催に莫大な経費を投入するにもかかわらず、パビリオンの建設は遅々として進んでいない。開幕日に完成していないパビリオンが複数出てくる可能性も高まってきた。さらにアルゼンチン、ニウエ、メキシコ、エストニア、ロシアはすでに撤退を表明している。

大阪・関西万博が不人気の最大の理由は、参加国がやる気になっていないことだ。

１９７０年の大阪万博のときとくらべると万博の意義は大きく低下している。情報通信の発達で、世界情勢がリアルタイムで把握できるようになったことと、社会の多様化で、人類共通の画期的な技術革新がなくなったことが原因だ。

１９７０年の万博のときには、月の石が展示されたり、会場の構内通話に日本初の携帯電話が使われたりと、人類の未来を予感させるような目玉の展示があった。元禄寿司が回転寿司の店舗を出店して世界を驚かせたのも１９７０年の大阪万博だった。

今回の大阪・関西万博にはそうした画期的なものがまったくない。スシローやくら寿司は出店するが、それは日本人はおろか、世界でも多くの人がすでに知っているものだ。だから、一部の人たちの間では、万博は「オワコン」になったとまで言われているのだ。

そのことは国民の意識にも明確に表れている。朝日新聞は、２０２４年5月に土曜別刷りの「ｂｅ」のモニター読者に「大阪・関西万博に行きますか？」というアンケート調査を行ない、２８５９人から回答を得た。

その結果、81％が「行かない」と答え、そのうち「開幕後に心変わりするかもしれない」と答えたのは5％にすぎなかった。地元・大阪の読者に限っても「行く」が38％、「行かない」が62％で、3分の2近くが「行かない」としたのだ。

万博の主催者は、会期中に２８２０万人が来場すると予想している。１９７０年の大阪万博の入場者数が６４２１万人だったから、予想どおりでも１９７０年の半分以下の入場者数にとどまる。

しかし、実際には入場者数が半減した入場者数予想をさらに下回る可能性が高いだろう。私は、大阪・関西万博を中止して、万博会場に建設している木造の巨大リングに使っている木材や建設労働力を、能登半島地震で家を失った被災者の住宅再建に振り向けたほうがずっと国民の理解を得られると思うのだが、大阪市も大阪府も国も強行突破の構えだ。

なぜ、大阪府市や国が万博推進にこだわるのか。

それは、万博をカジノ建設の「オブラート」にするためだ。まず、万博入場者を大量輸送するという名目で地下鉄の延伸や道路整備をする。そして、跡地に建設するカジノのために、その交通インフラを活用するのだ。

また、カジノの周囲には国際会議場やホテルなどが整備され、統合型リゾートにするという。これも本質を見えにくくするためのオブラートだ。

カジノ建設そのものに根強い反対論が存在する。カジノは射幸性が高く、のめり込んで破産する人が続出するのではないかという懸念だ。

それは正しいと思う。

私自身は、40年以上前にラスベガスのカジノに一度だけ行ったことがある。危ないと思って、3万円ほどの現金だけを持って出かけたのだが、その金は帰途にはすべて消えていた。ただ、とてつもない興奮と快楽がいまだに脳裏に焼き付いている。

もちろん、破産するほどの被害を受けるのは、頻繁に訪問できる近隣住民だ。私もカジノができたら一度は行くと思うが、通い詰めるほどの時間はない。

関西圏では、カジノ推進を掲げてきた維新の会を住民が圧倒的に支持している現実があるのだから、その維新の政策によって、破産者が続出しても、それは住民の選択の結果、つまり自己責任だと切り捨てるのだ。

大阪市と大阪府と国がタッグを組んで、ギャンブル依存症の国民を一気に拡大させようとしている。1つの理由は財政収入だろう。

カジノ開業後、大阪府と大阪市にはカジノ収益の15％にあたる年間570億円の納付金と、日本人客らから徴収する年間130億円の入場料が入ると見込まれている。

もちろん、その分財政収支が改善することになるのだが、その背後には、ギャンブル依存症で破産に追い込まれる大量の国民が出ることを忘れてはならないのだ。

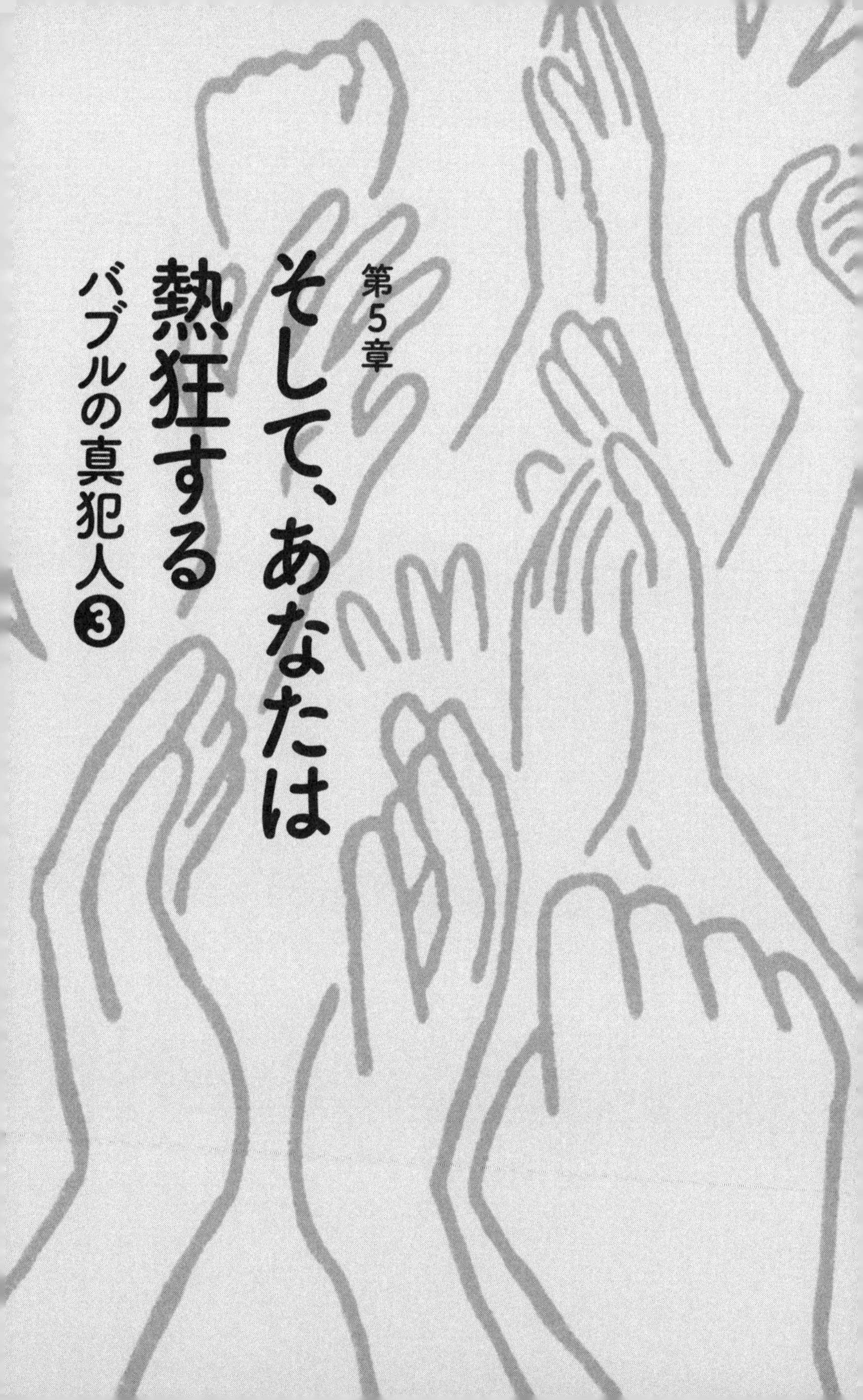

第5章

そして、あなたは熱狂する

バブルの真犯人❸

ナイーブな人は身ぐるみ剝がされる世界

バブルを形成する最後の犯人は、陶酔的熱狂に陥る一般国民だ。

わかりやすいので、まずSNS型投資詐欺の被害者のことから話を始めよう。

私は、SNS型投資詐欺の被害者にも一定の責任があると考えている。もっとはっきり言えば、重大な過失があると考えている。理由をあげて説明しよう。

まず、私のところにやってくる被害者からの相談メールには、「森永さんのファンで、森永さんのことを信頼していたから、ついつい騙されてしまった」という声が多い。

しかし、私は、彼らが本当に私のファンなのかどうか疑わしいと思っている。私はこの数年、出演するラジオ番組、執筆している雑誌記事のなかで一貫して「いま投資は危険だから手を出してはいけない」と警告し続けてきた。

詐欺についても、たとえば出演しているニッポン放送の「垣花正　あなたとハッピー!」ではジングルまで作って、「私はSNSを一切やっていないので、SNSの投資広告はすべて詐欺です」というメッセージを流し続けてきた。

もし、本当に私のファンであるなら、そうしたものを一度は見たり聞いたりしているはずだ。これが第一の理由だ。

第二は、LINEグループで私や私のアシスタントが、懇切丁寧に無償で投資の指導をしてくれたと言うのだが、なぜ私がそんなことをする必要があるのだろうか。

私はホームページ上でメールアドレスを公開していて、誰のメールでも受け付けている。最初の返信は無償で行なっているが、2回目以降は1回1万円+消費税の料金をもらっている。逆に言えば、事前にお金を払わなければ、2回目以降の返信はない。電話で話をしたい人は、1分あたり2000円+消費税、対面で話したい人は1分あたり4000円+消費税の料金をいただいている。

「森永は資本主義を批判しながら、自分が一番資本主義的な行動に出ているではないか」という批判も寄せられているが、そうではない。

私は労働者だから、賃金を要求しているだけだ。アルバイト先に出かけて、そこで賃金が支払われなかったら労働者は怒るだろう。

一般の労働者とくらべたら私の時給は高いかもしれないが、ステージ4のがんを宣告された私の命は最悪の場合、あと数カ月しか持たない。残された貴重な時間を見ず知らずの人のために使うのだから、私は高いとは思っていない。むしろ「無償で資産運用のお手伝いをします」と言われたら、それはおかしいと考えないといけないのだ。

第三は、私が投資助言をしていること自体がおかしい。金融商品取引法で、投資助言を行なう人は、金融庁への登録が義務付けられている。誰が登録しているかは金融庁のホームページですぐにわかる。私は登録をしていないので、私が投資助言をした時点で法律違反になるのだ。

第四は、「経済分析が的確でわかりやすかったから信用してしまった」という見方だ。私は、詐欺師がＬＩＮＥグループで配信した投資レポートをいくつか読んだが、ぎこちなく専門用語が散りばめられているだけで、その内容はめちゃくちゃだった。私の学生が試験でこんな解答を書いてきたら、即刻不可をつけるレベルだ。

第五は、詐欺師が運営するＬＩＮＥグループには、原油や仮想通貨など投資対象の相場が毎日掲載される。それを見て被害者は大儲けをしたと喜ぶのだが、その情報はすべてでっちあげだ。

だいたい原油価格がわずか数カ月で10倍になることなんてありえないし、そもそも原油価格自体は新聞でもネットでも簡単に調べることができる。詐欺師がよく使うHEO（水素エネルギーを推進するための仮想通貨）に関しては、この世に存在しないし、その取引を行なう取引所など存在していないのだ。

第六は、配信される情報には、日本語としておかしい表現や誤字や中国文字が多く含まれている。自動翻訳機にかけたときに特有の現象だ。なぜ私が自動翻訳機で日本語を書かないといけないのか。

第七は、参加者が疑ってきたときの対応だ。

「本物の森永先生ですか？」と聞くと、詐欺師は偽造した私の免許証の画像を送ってくる。ただその免許証の住所は代官山のタワーマンションになっている。私がそんなところに住んでいないことは、私のことを少しでも知っていればすぐにわかるはずだ。また私の声で音声メッセージを送ってくるケースもある。人工知能を使ってそれなりのクオリティーはあるのだが、私のラジオを聞いているリスナーであれば、違和感を覚えるはずだ。

そのほかにも、ざっと見ただけでおかしな点はいくらでも出てくる。

金融の世界というのは、他人のカネを奪おうとする「魔物」が跋扈《ばっこ》する魑魅魍魎、百鬼夜行の世界だ。そんなところになんの基礎知識も持たずに丸腰で入って行ったら、身ぐるみ剝がされてしまうのは明らかだ。騙される人はあまりにナイーブなのだ。

それでもなぜ、多くのSNS型投資詐欺が急増していったのか。

最大の理由は、被害者の心のなかに「投資でお金を増やしたい」という欲望、本来ありえない妄想が根付いていたことだと思う。

さらに重要なことは、お金がどんどん増えていく快楽に溺れて、何も見えない、誰の声も聞かないという陶酔的熱狂に陥っていたからだと考えている。

ただ、そうした状況に陥った人を嘲笑してはならない。

その状況には誰もが陥る可能性があるし、投資に夢中になるという意味では、いま日本人の多くがそうなりつつあるからだ。

そして、それは「快楽」を求めるのが人間の性《さが》だからだ。

あなたを虜にする「快楽」欲求

元財務官僚で、数量政策学者の高橋洋一氏に「高橋さんは競馬をやりますか?」と聞いたら、「期待値が75%しかない取引をなぜする必要があるのか」と即答された。たしかに

「合理的経済人」がみすみす損をするのが確実な競馬をすることはない。

しかし、現実の人間は、つねに合理的な行動をするわけではない。むしろ不合理な行動のほうが多いかもしれない。

たとえば、才能があって、十分な稼ぎがあり、社会的成功を収めた女性に限って、アーティスト系の〝ちょい悪オヤジ〟を配偶者に選ぶことが多い。

その配偶者は、女性が稼いだカネを使い果たすばかりか、時には借金までこさえてしまう。本来なら、誠実で働き者の配偶者を選んだほうが幸福になれるはずなのに、そうした選択は滅多になされない。

猫はどんなに一生懸命世話をしても飼い主に媚びない。気まぐれで甘えてくることはあるが、つねに飼い主を振り回し、裏切り続ける。それでも日本で飼育されている飼い猫の数は、飼い犬の数を超えて増えている。

なぜ、人々がそうした「不合理な」行動を採るのか。

それを解明したのがティボール・シトフスキーという心理学に研究範囲を広げた経済学者だ。

シトフスキーによると、人間の欲求には「安楽」と「快楽」という2種類があるという。

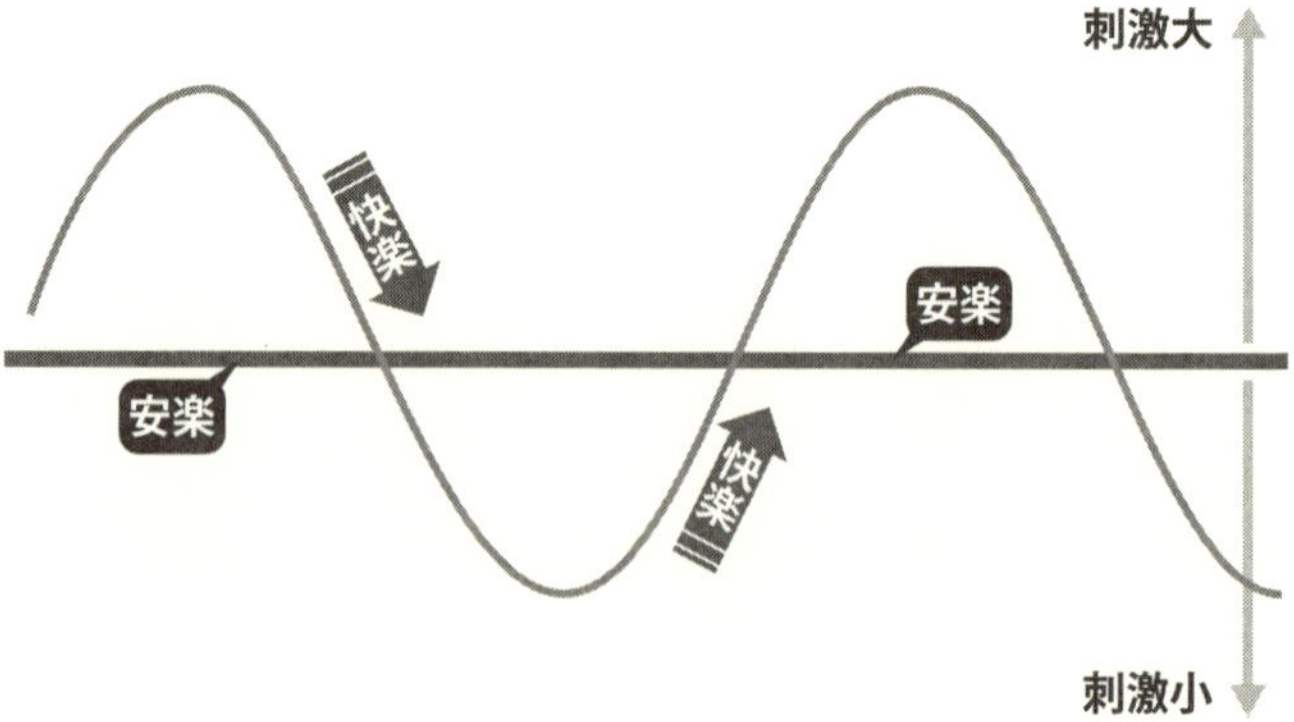

「安楽」というのは、安定した快適な刺激のレベルだ。エアコンのきいた部屋で、ふかふかのソファに深く腰掛けて、香りのよい紅茶を楽しむ。それが「安楽」だ。経済理論はその「安楽」をいかに手に入れるのかという視点で構築されている。

一方の「快楽」は刺激レベルの変化だ。炎天下で大汗をかいた直後に、涼しい部屋に移り、冷えた生ビールのジョッキを一気に飲み干す。その刺激レベルの変化が「快楽」なのだ。

人間は、受ける刺激が強すぎても、弱すぎても、不快に感じる。

たとえば、大音響は不快だ。家のまわりで暴走族が騒音をまき散らしたら、誰だって不快に感じるだろう。

一方、完全な無音もまた不快だ。無響室に入って何も音が聞こえないと不安が募ってくる。心地が良いのは、川のせせらぎとか、小鳥のさえずりとか、適度な音量の音なのだ。

ニオイも同じだ。香水のニオイは適度な濃度だから快適に感じるが、同じ成分で濃度を上げていくと、トイレのニオイと同じになってしまう。また、そこまでいかなくても、換気の悪い満員電車できつい香水をつけた人が隣にいるだけで、不快な経験をした人は多いはずだ。

冬の極寒や夏の酷暑はつらいが、春や秋の爽やかな風は快適だ。

調理も、濃すぎる味付けはおいしくないが、無味無臭もおいしくない。よい塩梅《あんばい》の味付けが必要なのだ。

このような適度な刺激の水準、すなわち「安楽」を人間は求めている。

既存の経済学はこの「安楽」を追求する人間の行動を説明するのに十分な枠組みを与えてくれる。何もかもが満ち足りてほどよい水準に保たれている生活。それは素晴らしいことに違いない。

しかし、「安楽」と「快楽」のどちらが人を虜《とりこ》にするのかといえば、圧倒的に「快楽」

なのだ。それは生活のあらゆる場面で観察される。

たとえば、遊園地のアトラクションで考えよう。ジェットコースターやお化け屋敷で得られる恐怖は明らかに不快である。さんざん怖い目を見て、施設から出てきたときのほっとした瞬間はもちろんだが、ジェットコースターに振り回されているとき、お化け屋敷で悲鳴をあげているときも、じつは「快楽」を感じている。快適から不快へと向かう変化も快楽なのだ。

同じ遊園地のアトラクションでも、メリーゴーランドやおとぎ電車、観覧車のたぐいは「快楽」よりも「安楽」を与える施設だ。

「安楽」よりも「快楽」が人々を支配するという事実は、メリーゴーランドやおとぎ電車や観覧車よりジェットコースターやお化け屋敷のほうが圧倒的に人気が高いことからもよくわかる。

安楽型メイドと快楽型メイド――恋愛における「快楽」

「安楽」よりも「快楽」を追求したいという人間の性は、恋愛の分野でも見られる。

相手をより夢中にさせるのは、やさしく誠実な安楽型パートナーよりも、悪女とかちょい悪オヤジとかの快楽型パートナーだ。

20年近く前、私は日本メイド協会の理事を務め、「メイド検定」を実施していた。検定の基準をどうするか、協会内で激論を闘わせた結果、結論は「奉仕する心」ということになった。「お帰りなさい。ご主人さま」といつも真摯にお迎えし、精一杯ご主人さまの気持ちに寄り添う。それがよいメイドさんだということだ。つまり、安楽型こそ正しいメイド道だということになる。

ところが、2007年11月に、大阪・難波のメイド喫茶「萌えしゃんどん」でツンデレコースが常設された。そのときの衝撃は忘れられない。

たとえば、嫁コースを選択すると、メイドさんが「嫁」になってくれる。顔を出した途端、嫁がこう言ってくる。

「久しぶりじゃないの。仕事が忙しい？　ウソ言ってんじゃないよ。とにかく、さっさと何食べるか選びなさいよ。相変わらずトロいよね。その決断力のなさのおかげで、いつまでたってもうだつが上がらないのよ。もういいわ。こっちで献立決めるから。文句言うんじゃないよ。食べられるだけ感謝しなさい」

こんな感じで非難の言葉の集中砲火が浴びせられる。その迫力は、本物の嫁を凌駕するほどだ。

そして、その非難をたっぷり受けたあと、店を出ようとレジに向かった途端、嫁がこう言うのだ。

「え〜、もう戻っちゃうの。嫌だ。寂しすぎる。でも、お仕事だもんね。わかった。つらいけど、またすぐ来てね。ずっと待っているから」

こうして手のひらを返すような態度に出る。「ツンデレ」というのは、ツンツンと冷たい態度を取る一方で、突然デレデレになることを指す。ふつうのメイドカフェは奉仕一辺倒なので、ある程度の演技力があればできるが、ツンデレというのは、まずはいじめないといけない。相手を絶望のふちまで追い込んでおいて、絶望のなかに聖母のようなやさしい手を差し伸べる。どこまでいじめてよいかは、人によってラインが異なるので、そのラインを正確に把握する能力と切り替えを行なえる完璧な演技力が必要だ。それが快楽型メイドに求められる職業能力なのだ。

じつは、このツンデレ、すなわち快楽提供のやり方は悪女が男を手玉に取るときや、一般の恋愛でも多用されている。「快楽」の誘惑というのは非常に大きいのだ。

人はなぜ笑うのか？——笑いにおける「快楽」

刺激レベルの変化、あるいは不安と安心の交錯による快楽は、お笑いの世界でも同様だ。

人はなぜ笑うのか。それを科学的に解明した落語家がいる。神戸大学出身で、落語界きってのインテリと言われた2代目・桂枝雀《しじゃく》だ。

枝雀は、膨大な数の上方落語と江戸落語の「落ち」を徹底分析して、笑いが次の4パターンに分類されることを発見した。
①ドンデン
②謎解き
③へん
④合わせ
詳細は、枝雀自身の著書『らくごDE枝雀』（ちくま文庫）などでご覧いただくとして、ここではごく簡単に中身を紹介していこう。

第一の「ドンデン」は、ドンデン返しのことだ。

最後の最後に聞き手の思いも寄らないところに噺《はなし》を急転回させて笑わせる。

たとえば「愛宕山《あたごやま》」という噺では、旦那が谷底にバラまいた小判を幇間《ほうかん》（旦那の機嫌をとり、興をそえる男）が拾いに行く。ところが、なかなか谷底から戻れない。苦労のあげくに竹のバネを利用して幇間が飛び上がってくる。旦那がその工夫を褒めたあと、「で、カネは？」と聞くと、幇間が「忘れてきたァ」と答える。小判を拾うのが本来の目的だったのに、谷底から戻ることに夢中になって、それを忘れていたという意外性が笑いを誘うのだ。

第二の「謎解き」は、噺のなかで発生した聞き手の疑問が落ちのところで氷解するものだ。

「皿屋敷」という噺では、皿を割って当主に殺されたお菊さんの幽霊が毎晩井戸から出てきて「1枚、2枚……」と皿の数を数える。9枚目まで数えたところで「1枚足りない」と悲鳴を上げるのがいつものパターンなのだが、ある日いつもの倍の18枚も数を読んだ。なぜ、そんなに数を読むのかと尋ねると、「2日分読んどいて、明日の晩、休みまんねん」とお菊さんが答えるというのが落ちになっている。お菊さんの「異常行動」という聞き手にとっての不安が落ちで解消されるというのが「謎解き」のパターンだ。

第三の「へん」は、噺の最後に聞き手が「そんなアホな」と思うところに話を持っていく。上方漫才で最後に「いい加減にしなさい」とつっこんで終わるのと同じ、上方の代表的な笑いのパターンだ。

「池田の猪買《しし か》い」では、猟師から仕留めたイノシシを買おうとする男が、イノシシが本当に新しいのか疑い深く聞く。怒った猟師が銃の台尻でイノシシを突くとイノシシが起きあがって歩き始めた。猟師が「どうじゃ客人、あのとおり新しい」というのが落ちになる。

第四の「合わせ」は、まったく無関係と思われる事象を無理やり合わせることで、聞き手に「やったな」という笑いを巻き起こす。

「蔵丁稚《くらでっち》」という噺では、仕事をさぼって「仮名手本忠臣蔵」を見に行ったのがバレて、丁稚が蔵のなかに閉じこめられる。丁稚は懲りもせずに、蔵のなかで見てきた芝居の真似を始める。そこへ旦那がおひつを持ってやってきて、旦那が「御膳《ごぜん》（食事の意。「御前」との掛け言葉）」。丁稚が「蔵の内（義士四十七士の旗頭・大星由良之助）か」。旦那が「ハーッ」。丁稚が「待ちかねた」というところが落ちになる（仮名手本忠臣蔵・四段目の判官切腹の段の、塩谷判官と大星由良之助のやりとりをなぞっている）。

枝雀はこれらの落ちの位置づけを明らかにする統一理論を提示している。

次ページの図に示した色の濃い部分が「合わせ領域」だ。これは「人為的に〝合わせ〟る領域」で「安心」を与える。「合わせ」の笑いをとるときには、この領域に向かって話を戻す。

「合わせ領域」のまわりを「ホンマ領域」が取り囲んでいる。「ホンマ＝常識の範囲内の領域」だ。さらに「ホンマ領域」の外側にあるのが「離れ領域」で、常識の枠外に飛び出した「そんなアホな」の世界だ。「離れ領域」にはまったく理解不能ではないが、腑に落ちない話＝「不安」の空間が広がっている。

この統一理論で４つの落ちを分析してみる。

①「ドンデン」の落ちは、「ホンマ領域」からいったん「合わせ領域（安心）」へ近づいていく。聞き手がなんだそうかという安心感を持ち始めた瞬間に話を切り返して「離れ領域（不安）」のほうに方向転換させるのだ。

②「謎解き」の落ちは、ドンデンと逆になる。「ホンマ領域」を走ってきた噺が、いったん「離れ領域（不安）」のほうへ脱線し、聞き手が何が起こったのだろうと思ったところで、その謎を解き明かして「合わせ領域」に入り、安心感を与えるのだ。

①ドンデン

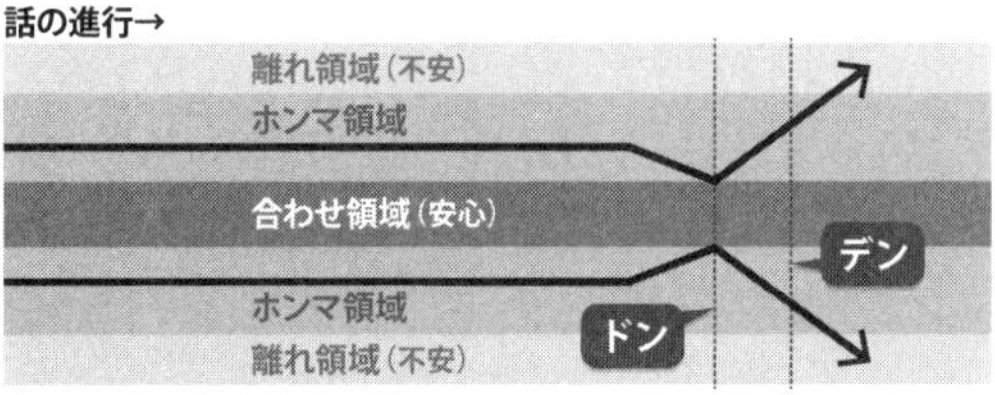

②謎 解 き

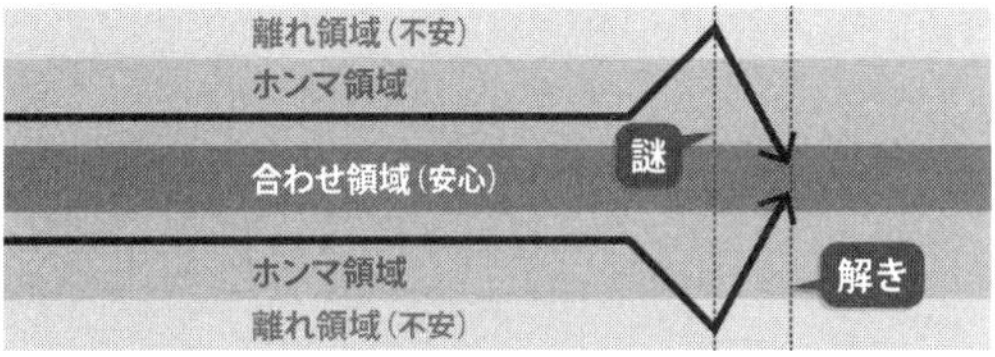

③へ　ん

④合 わ せ

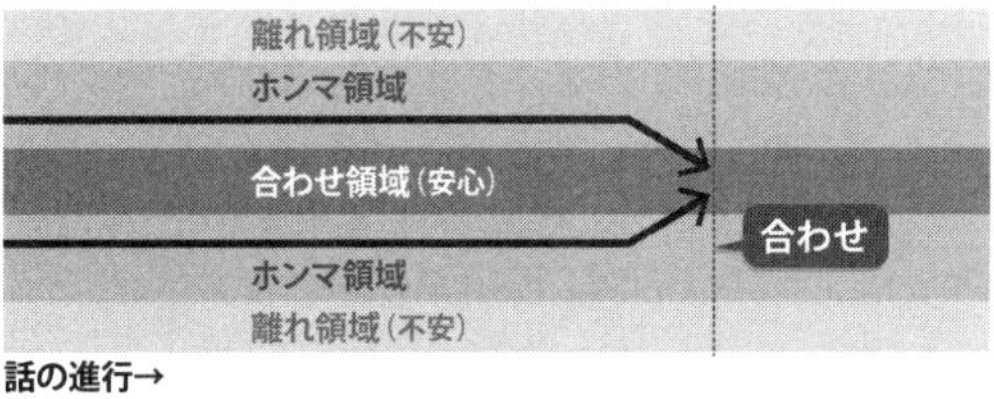

③「へん」の落ちは、ドンデンと同じ「離れ領域」への変化なのだが、落ちの直前に「合わせ領域（安心）」への変化がなく、直接「離れ領域（不安）」に飛んでいってしまうのだ。
④「合わせ」の落ちは、ちょうど「へん」の裏返しで、「ホンマ領域」を走ってきた噺がそのまま「合わせ領域（安心）」に入ってくる。

そして、この枝雀理論でもっとも重要なことは、すべての笑いが「合わせ領域（安心）」と「離れ領域（不安）」のあいだの変化として捉えられていることだ。これはシトフスキーが「快楽は刺激の水準変化である」とした定義と完全に一致する。ただ、枝雀自身は具体的に書いていないのだが、「離れ領域」の外側には、聞き手がまったく理解できない「外宇宙」が存在する。話を外宇宙まで持っていってしまうと、それは快楽ではなくなってしまう。

具体例を示そう。「池田の猪買い」で、猟師が銃の台尻でイノシシを突くとイノシシが起きあがって歩き始める。これは「離れ領域（不安）」へはみ出す話だ。だから、この落ちを、銃の台尻でイノシシを突いた途端に、銃と細胞融合で合体したイノシシが宇宙戦艦に変身し、アンドロメダ星雲に向けて飛び立っていったとしたら、ほとんどの人は笑わない。

お菊さんが、なぜ2倍皿を数えるのかを聞かれて、「最近、自己資本比率規制が強化されたのと、金利が上昇して皿の割引現在価値が減少してしまったので、カウント済みの皿の数を拡充しないといけなくなったんです」と答えたら、ほとんどの人はポカンとするだけなのだ。

すべての芸術活動に共通する原則――そのほかの「快楽」

刺激の水準の変化によって快楽が得られるのは恋愛や笑いの世界に限らない。

たとえば、ドラマの世界だ。テレビドラマ「水戸黄門」のなかでは、必ず悪代官のような不届き者が庶民をいじめている。視聴者は、その理不尽さに怒りを覚える。その怒りが頂点に達した時点で、助さん格さんが現れ、懐《ふところ》から印籠を取り出してこう言う。

「ここにおわすをどなたと心得る。先の副将軍、水戸光圀公なるぞ」

そこで、悪代官は青ざめながら黄門さまにひれ伏す。話の展開は必ずこうなるのがわかっていながら視聴者は喜ぶ。ドラマや小説は、自分では体験できないような他人の人生に入り込み、その人生を堪能することに楽しみがあると言われる。

しかし、たとえばドラマ「水戸黄門」で、水戸黄門が「水戸光圀」という名札をつけて歩いていたり、助さん格さんが「この人は水戸光圀ですよ」と言って回っていれば、みなが本来の秩序を最初から保っている。そのため、なんの事件も起こらない。そんな水戸黄門はまったく面白くないだろう。まさに、「人生楽ありゃ苦もあるさ」でないとダメなのだ。

ホームドラマでも、家族全員が健康で、みんなやさしくて、お父さんの仕事は順風満帆、子どもたちは学業優秀、朝から晩まで笑いの絶えない明るい家庭に平和な日々が続く。本来なら一番体験したいのはこんな絵に描いたような幸せな家族のはずだが、このようなドラマを喜ぶ視聴者はどこにもいない。ドラマに喜怒哀楽は付きもので、喜と楽だけのドラマはなんの感動も呼ばない。山あり、谷ありのストーリー展開が「快楽」を生み出すという構造は、起承転結という物語の作り方そのものからすでに始まっているのだ。

人の心を捉えて離さないのは「安楽」ではなく、不快を伴った「快楽」であるという事実は、音楽、デザイン、生け花、舞踏などすべての芸術活動に共通して見られる現象だ。

人間がいかに「快楽」を追求する存在であるかということを証明していると言えるだろ

う。

「快楽」は「安楽」から離れられない――快楽の特徴・その①

人々を虜にする快楽には、大きな特徴が2つある。

1つは、笑いの快楽のところでも触れたように、快楽をもたらす刺激レベルの変化は、安楽の水準から大きく離れることができないということだ。

たとえば、いくら激しい動きをするジェットコースターが人気だといっても、スタート地点に戻ってきたときに怪我人が出てしまうようなコースターはもはや快楽ではない。

東日本遊園地協会の人に聞いたことがあるのだが、ジェットコースターには安全確保のため、スピード制限のほか、激しい動きは何秒まで、その後ゆったりした動きを何秒以上といった細かい規制が設計段階から求められているのだそうだ。いくらスリルが重要とは言っても、それは常識から少しだけ外れたところ、笑いの世界でいう「離れ領域」の範囲内に収まっていないといけないのだ。

それは、人々に快楽をもたらすバブルの投資対象も同じだ。

ガルブレイスは「一見新奇に見えながら、その実、旧来のものと何も変わらない商品」が投機対象になると喝破した。

１６３０年代のオランダでは、花弁に縦じまの入ったチューリップ、18世紀の欧州で人気を集めた「利権つき」のミシシッピ会社やサウスシーカンパニーの株式、１９２０年代のアメリカの自動車、１９８０年代後半の日本の不動産など、バブルの投機対象となったものは、すべて何十年も前から存在する旧来型の商品だ。

実際に投機に走るのは一般民衆だから、あまりにこれまでの常識と離れるものは受け入れられない。本当に画期的なものは投機の対象にならないのだ。

たとえば、いま私の手元には「魔法の水」がある。この水を獲ったばかりの魚に振りかけると、鮮度が通常の数倍以上保たれる。切り花の水に使うと、ケタ違いに長い期間、花が元気なままで咲き続ける。本当に画期的な技術だと思うのだが、それがバブル対象になることはない。

ちなみに、なぜその水が手元にあるのかというと、私のがん罹患を知った製造者が送ってきてくれたからだ。それを飲めば延命が可能になるはずだと言うのだが、私自身は怖くて飲めないでいる。

逆に、いま一番のバブルの投機対象になっているのがエヌビディアの半導体素子だ。

半導体自体はとても古い商品だ。私が父に連れられてアメリカのボストンに住んだのは1964年のことだった。当時父は、最新鋭のソニーのトランジスタラジオを日本から持っていった。そして、そのラジオを聴きながら、ボストンマラソンの見学をしていた。

すると、アメリカの人たちが父を取り囲むように集まってきて、「こんなにコンパクトなラジオがあるのか。素晴らしい！」と称賛の嵐が広がった。半導体技術のおかげだった。それがいまから60年も前の話だ。

エヌビディアの半導体は、そのときの半導体より、何ケタも違う高集積度を実現しているが、本質は何も変わっていない。ただ、性能が上がったというだけで、とてつもない高値がついている。エヌビディアの半導体素子は、現代のチューリップの球根になっているのだ。

快楽は「依存」を連れてくる――快楽の特徴・その②

快楽のもう1つの特徴はより重要な意味を持つ。

それは、一度快楽を味わってしまうと、そこから抜け出せなくなるということだ。「まえがき」で紹介したソルテッドナッツ・シンドローム＝「止《や》められない止《と》まらない症候群」だ。それがアルコール依存症、薬物依存症、ギャンブル依存症など、あらゆる依存症の根本原因になっているのだ。

依存症の根は深い。それはまた人間だけに存在するものではない。

シトフスキーは、心理学者による、こんな実験を紹介している。ボタンを押すとエサの固まりが出てくる装置を作る。ネズミがボタンを押して出てきたエサを食べたあと、今度はボタンを押してもエサが出ないように装置の設定を変える。ところが、いったんエサの味をしめたネズミは、エサが出なくなったにもかかわらず、50回もボタンを押し続けたそうだ。

さらに興味深いのは、その後に拡張された2つの実験である。ボタンを押し続けるというネズミの習慣は、一度だけエサが出るという実験をしたときよりも、「エサが出る」「エサが出ない」を定期的に繰り返したほうが強く形成されるという。そして、もっとも強い習慣が形成されるのは「エサが出る」「エサが出ない」をランダムに繰り返したときなのだという。

一度、強い快楽を脳が覚えてしまうと、その快感が忘れられずに同じ行動を繰り返してしまう。それが依存症だ。

その意味で、大谷翔平選手の元通訳・水原一平氏が、ドジャースから解雇された直後にアメリカのスポーツ専門チャンネルのインタビューで語ったことに私は大きな違和感を覚えた。

水原氏は「自分はスポーツ賭博で勝ったことがない」と言ったのだ。

甘い記憶がなければ、依存症にはならない。ちなみに私は、経済企画庁で働いていた1985年に、競馬をやるときに「万馬券しばり」を自分自身に課した。お金を数倍に増やしても面白くないと思ったからだ。以来40年間、幸か不幸か、私は一度も勝っていない。そのおかげで競馬にのめり込むことも一切なかった。

依存症に陥る原因は、利益を出したというプラス方向の快楽だけではない。損失を出したというマイナス方向の快楽も依存症の原因となる。

2022年に仲の良い芸人らを誘って、7億円にのぼる資金を集め、投資に失敗したお笑いコンビTKOの木本武宏氏は「週刊文春」の取材にこう答えた。

「普段から情報交換をしていた仲間に、『こういう投資話がある』と、自分で精査もせず伝えて巻き込んでしまい、申し訳ない気持ちで一杯です。本来、お笑い一本でやることを大切にしてきたのに、ある時、投資というものを覚えてしまった。一度失敗したのですが、それで逆に勉強して取り返したいという気持ちになってしまい、のめり込んでしまったのです」（「週刊文春」2022年8月4日号）

損失を出すと、なんとかそれを取り戻そうと、より大きな金額を賭けようとする。その行動が依存症を深めていくという構造は、水原一平氏も木本武宏氏もまったく同じだ。

それは特殊なケースではなく、ギャンブル依存症にかかった人にほぼ共通する事情なのだ。

一度、依存症になってしまうと、特効薬や治療法がないために脱却するのはとても困難だ。

覚醒剤中毒になり、いまは覚醒剤を断って、依存症脱却の支援活動をしている人とテレビ番組で共演したことがある。

番組がCMの時間に入ったタイミングで彼が話しかけてきた。

「森永さん、ボクはずいぶん前に覚醒剤を完全にやめたんですけど、もしいま、目の前に覚醒剤があったとしたら、間違いなくやってしまうと思うんですよね」

そうした意味で、この数年で株価が大きく上昇し、甘い記憶を脳に刻んでしまった日本人は投資依存症に陥り始めている。

というより、すでに深刻な病状になっていると言ったほうがいいかもしれない。

私がいくら「いまはバブルなので投資は危険だ」とアドバイスしても聞く耳を持ってくれる人は少数派だ。

逆に、「米国株を中心に長期分散投資をすれば、豊かな老後が待っている」という言説に傾倒し、経済や株価に危険な情報が次々に出てきても、そこから目を逸らしてしまうのだ。

第6章

投資とどう向き合うか

それなら、どうすればいいのか？

新ＮＩＳＡが大きなブームを引き起こし、岸田政権が掲げる「貯蓄から投資へ」という政策に乗っかって、多くの国民がリスクがほとんどない預貯金から、リスクの大きな株式や投資信託に資金を移動させ始めている。

私のアドバイスは「いますぐすべての投資から手を引いて、預貯金に戻し、二度と投資に手を出してはいけない」というものだ。

このアドバイスに対してすぐに出される反論は次のようなものだ。

「そんなことをして預貯金だけで資産を持っていたら、インフレでどんどん資産が目減りしていってしまうだろう」

どうしても目減りが嫌な人は、政府が発行している「物価連動債」という国債を買えばよい。

この国債は、物価上昇による目減りを政府が補塡してくれることになっている。ただ、物価連動債を庶民が直接買うのは難しい。法律的には買えることになっているのだが、財務省が発行額を極端に抑え込んでいることと、金融機関が買い占めてしまうからだ。

それでも方法は１つだけある。それは物価連動債を組み込んだ投資信託を買うことだ。ただし、当然のことながら、投資信託を買えば、収益の一部を運用会社にピンハネされることになる。

私は、無理をして物価連動債を買う必要はないと考えている。

それは、バブルが崩壊に向かえば、世界経済は恐慌状態に陥り、深刻なデフレになる。そのことは預貯金の価値が大きく上昇することを意味するからだ。

いま世界は、人類史上最大のバブルに直面している。

そのバブルがはじければ、株価は10分の１になる。

さらに、購買力平価から予測される為替レートはいまより3割も円高だから、株価下落と円高のダブルパンチで、ＮＩＳＡでの運用資産は93％減になる勘定だ。

「購買力平価」という言葉になじみのない読者のために簡単に説明しておこう。為替レートは通貨の交換比率で本来、同じものが同じ価格で買える水準に決まる。たとえば、アメリカで１ドルで売られているハンバーガーが、日本では１００円だったとすると、１ドル＝１００円が購買力平価となる。ただし購買力平価は商品によって異なる。アメリカで1ドルで売られているキャンディーが、日本では80円だったとすると、1ドル＝80円が購買力平価となる。こうした商品ごとの購買力平価を平均したものが経済全体としての購買力平価となる。ちなみにIMF（国際通貨基金）が2024年の世界経済見通しのなかで明らかにしているドル・円の購買力平価は、1ドル＝91円だ。

現実の為替レートが購買力平価と大きく乖離する原因は「投機」だ。為替市場で取引される通貨の99％以上は、貿易に使う実需ではなく、為替を対象とした投機だ。為替がギャンブルの素材として使われているのだ。ギャンブルだから、ひとたび流れができると、みながそれに乗ろうとして乖離がどんどん進んでいく。それでも経済実態から離れ続けることはできないので、長くても数年から十数年の間には、為替は購買力平価に戻っていく。だから、いま生じている過度な円安は、必ず購買力平価という本来の姿に修正されていく。それは、日本人の立場からすると、外貨投資は今後の円安修正によって大幅な減価に見舞われることを意味するのだ。

もし、そうなれば、老後のために営々と貯めてきた生活資金2000万円が、バブル崩壊と円高の到来によりわずか数年で140万円に減ってしまうことになる。老後のライフプランが根底から破壊されてしまうのだ。

だから、まず「お金を投資で増やそう」という考えを完全に捨てるべきだ。

本書で何度も述べてきたように、お金が自動的に増えることはない。そして、お金が増えるのは、働いたときと、他人から略奪したときだけだ。

略奪は、3パターンだ。

①幸運に恵まれてギャンブルに勝つ
②他人をだまして奪う
③胴元になる

つまり、お金を安定して増やそうと思えば、詐欺師になるか、金融業者になるしかないのだ。いまの日本で個人が金融業者となるのは極めて難しいし、詐欺師になるのは犯罪だ。だから、庶民は、余計な誘惑にかられることなく、じっと預貯金を抱え続けるしかないのだ。

その意味で、私は長年の友人であり、数多くの仕事を一緒にやってきた経済ジャーナリストの荻原博子氏をいまあらためて尊敬の眼差しで見ている。

彼女は、この数十年間、「投資なんてしてはダメ。キャッシュよ」と言い続けてきた。私はそんな彼女を揶揄して、親愛の念を込め、「キャッシー荻原」と呼んできた。

1つ付け加えておくと、荻原氏は「投資のリスクを取ってはいけない」と言いながら、自分では一部の資金を株式投資に回している。それはあくまでも射幸性を楽しむための純粋なギャンブルとしてやっていることで、資産を増やす運用としてやっているわけではない。

そうした〝二刀流〟は、荻原氏の高度な専門知識と強い意志が可能にしているもので、一般の人が真似をすることは絶対にお勧めしない。

ちょっとでも投資を残していると、そこからまた「投資依存症」が広がってしまうからだ。

たとえば、アルコール依存症から脱却するためには、アルコールを完全に断つことが必要で、少しでも飲酒の習慣を残していると、そこからまた依存症が拡大してしまうのだ。

私の投資体験

株式や投資信託への投資は、始めることよりも、やめることのほうがはるかに難しい。

ここで私自身の体験を紹介しよう。

　私は、バブル崩壊を予見して、数年前から少しずつ投資用の株式を処分してきた。そして、2023年の段階で処分を終えた。ただ、どうしても株主優待が必要な株は残している。

　たとえば、タカラトミーの株式を所有していると、株主優待で特別仕様のトミカとリカちゃんをもらえる。これらはB宝館という私設博物館の重要な展示物なので、株式を売ることはできない。そうである以上、タカラトミーの株式は優待が続く限り売ることはない。つまり、投資対象ではないのだ。

　一方、株式の処分を終えたあとでも、ドル建ての投資信託は全部残していた。当面、円安が進行して、さらなる高騰が予想されたからだ。

　しかし、2023年末に受けた余命4カ月というがん宣告で、私は重い腰を上げざるをえなくなった。前著『がん闘病日記』で詳しく書いたのだが、株式や投資信託を抱えたまま死ぬと、死亡日の相場で計算した評価額の相続税がかかるだけでなく、売却益にも課税という二重課税が行なわれる。しかも、本人が売却するのは簡単だが、相続人はすぐに売却することが難しい。結局、相続人に迷惑をかけてしまうことになるのだ。

　そのため、2024年に入って、私は外貨建て投資信託もすべて処分した。がん宣告というショックがなければ、おそらくできなかっただろう。

幸か不幸か、この十数年、世界の株価は右肩上がりで上昇してきたので、ほぼすべての人がいますぐ投資から手を引けば、利益を手にしながらの撤退が可能になる。

さきほど、お金が増えることはないと言ったではないかと思われるかもしれないが、その利益は最後まで株式や投資信託を抱え続けた人たちが支払う羽目になる。それは仕方がない。いくらバブル崩壊のリスクを伝えても聞く耳を持たなかったツケだ。

じつは、数年前から投資を手仕舞いしてきたことと、ここのところの株価バブルによって、投資からの撤退で私の手元には大きな資金が残った。その資金はいま、毎月100万円を超えるがん治療費用の原資となっている。バブルのおかげで延命が可能になり、この本も書けているということだ。

そう書くと、私の投資は成功裏に終わったと思われるかもしれないが、私はかつて投資でとてつもなく大きな失敗も経験している。

私の人生最大の損失——私の投資体験・失敗篇

1989年末のバブル崩壊のあと、1990年代初頭にバブルの調整は十分終了したと判断した私は、2つの大きな投資をした。

1つは、いま住んでいる家を新築で購入したことだ。この家は、トカイナカ（都会と田舎の中間）に立地していて、駅からも離れているので、いま起きている不動産バブルの影響を受けていない。わが家の土地の評価は、購入した30年前とくらべても、やや下落をしているというのが実態だ。もちろん、わが家は投資のために買ったのではないし、30年も住んだから、問題がないと言えば、そのとおりだ。

問題なのは「投資信託」への投資だ。バブル崩壊の直後、私は日経平均株価連動の投資信託に大金をつぎ込んだ。

詳しい記録が残っていないのだが、まだ日経平均株価が3万円台を維持している段階だったから、バブル崩壊が始まってから1年も経っていない時期だ。日経平均株価が2割くらい下がった段階で「調整は終わった」という判断をして、投資信託の購入に踏み切ったのだ。

いま振り返ると、日経平均株価はその後ピーク時の5分の1まで下がっているから、あまりにも甘い判断だったと言えるだろう。

その甘い判断には背景があった。バブル経済のなかで、シンクタンクの仕事に大量の発注が舞い込んでいた。そのため私は常時20本以上のプロジェクトを同時進行させていた。まだ「働き方改革」など影も形もない時代だ、私は毎日、深夜零時を超えて働いた。

その結果、30代を迎えたばかりの私の月給は100万円にも達していた。しかもお金を使う時間はほとんどなかったから、あぶく銭が山のように貯まっていたのだ。それをこともあろうに日経平均株価連動の投資信託に一気につぎ込んでしまったのだ。

その投資信託は、日経平均株価が1万円を割りこんだところで損切りすることになった。どこまで下がるのかわからず、怖くなってしまったからだ。私の人生のなかで被った最大の投資による損失だった。

最近、私が「株価は最悪10分の1になる」と公言していることに対して、多くの人から「妄想を語るのはやめろ」とか「そんなことを言うから信用を失うのだ」という批判が寄せられている。

34年前の私も同じ批判をしていたかもしれない。

ただ、1930年代のアメリカでは、実際に株価は10分の1になったし、1990年代以降の日本でも株価は5分の1に下がっている。「株価の大幅下落」という予測を頭ごなしに非難するのは、投資依存症に足を踏み入れている何よりの証拠なのだ。

本章の最後に、このまま投資から手を引かないと、多くの国民の暮らしがどうなるのかを示しておきたい。

そのことは、ＳＮＳ型投資詐欺の被害者が置かれている現状がすでに示している。２０２４年6月18日、私のところに来た被害者からのメールをご本人の許可を得て掲載する。被害者は69歳の女性、吉野春子さん（仮名）だ。

森永先生へ

大変ご無沙汰しております。ゴールド取引でお世話になります吉野春子です。

先生のお元気そうな姿をＴＶで拝見して、大変嬉しく思っています。そのまま維持出来て行く事を心からお祈りしています。

さて、森永先生にご相談です。

Macgill国際取引後、この5月、私は利益の税金が支払えず金額を下げて支払い入金となった時に、今度はドルから円の為替の手続きのための手付金が支払えず、それ

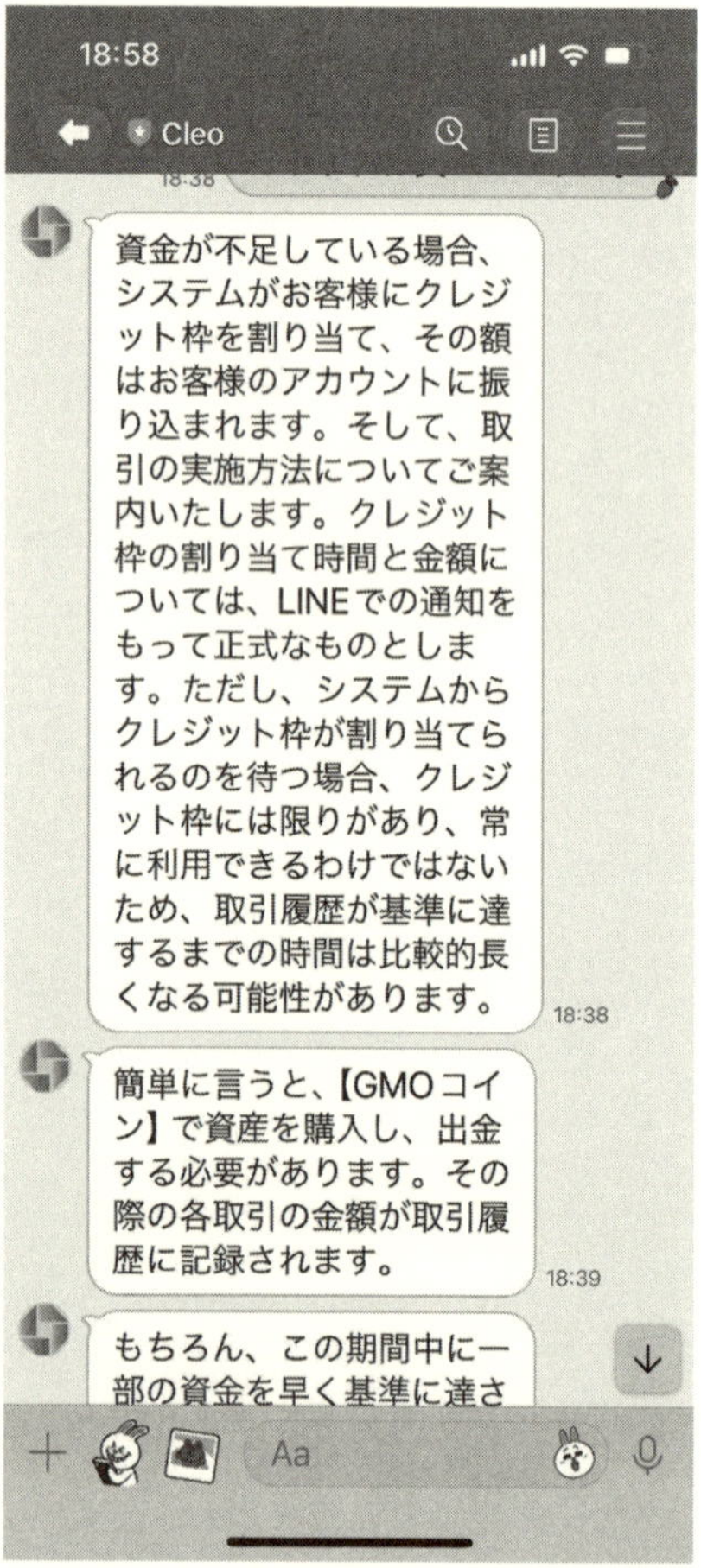

吉野春子さんから送られてきたLINE画面

も最近下げてお支払いしました。

そして最後の入金の手続きまで来ましたがGMO暗号通貨のアプリを入れてやりました。そして審査まで行きましたが、その先が進んでいません。6月18日の今日完了するといわれましたが、まだ連絡がありません。やり取りしたLINEを添付（右ページのLINE画面が添付）しましたので、こんなのはありませんか？

私は詐欺にあったのでしょうか？　教えて頂けますか？　よろしくお願いします。こんなサイトはありませんか？　はっきり教えてください。よろしくお願いします。

アシスタントの秋田さんにも大変お世話になりました。ほんとは参加資格が無いのですが、オイル＋ゴールドの取引を一回のみさせてもらいました。


私は即座にこう返信した。

「これは国際投資詐欺グループが運営しているもので、完全な詐欺なので、いますぐ警察に被害届を出してください」

すると、立て続けにこんなメールが来た。

森永卓郎先生へ
　そうですか。無一文になりました。家まで担保に入れて家もなくなります。ここまで、絞り取られるとは。早く先生にメールをすればよかったです。どうしましょう。

森永先生へ
　お金は戻ってきませんよね。家も売り出しされます。どうしたら良いでしょうか？
3750万円です。こんな相談してもダメですね。600万円支払わないと。家も無くなります。預金も0円。どうしましょう。

森永卓郎先生へ
　昨年12月にLINEに追加して、アシスタントの秋田さんより2023年度アナリスト投票に投票してくれた方に森永先生の書籍を送りますと言われて投票しました。そしてザイム真理教の書籍が送られてきました。送ってくださったのは、森永先生ですよね。

森永卓郎先生へ

このような詐欺事件が得意な弁護士さんをご紹介していただけませんでしょうか？　よろしくお願い致します。

吉野春子さんは持ち家と4000万円近い老後資金があり、年金収入もあった。つまり、世間がうらやむような豊かな老後が待ち受けていたはずだ。

それが「投資でお金を増やしたい」という妄想に取りつかれたおかげで、すべてを失ってしまったのだ。

イソップ寓話に「よくばりな犬」という話がある。肉をくわえた犬が橋を渡っているとき、ふと下を見ると川のなかにも肉をくわえた犬がいる。

犬はそれを見て、「あいつの肉のほうが大きそうだ」と思い、「あいつを脅かして肉を取ってやろう」と考えた。犬は川のなかの犬に向かって思いきり吠えた。

その途端、くわえていた肉は川のなかに落ちてしまった。もちろん、川のなかの犬は水面に映った自分の顔だったのだ。

これからＮＩＳＡで米国株の投資信託に投資した資金には大きな損失が生まれる。それをなんとか取り返そうとさらなる投資資金をつぎ込む。

そのあとに残されるのは、なんの資産もなく、ただ日々の暮らしを続けるために節約を重ねることと、死ぬまで働き続ける老後生活だけなのだ。


私が吉野春子さんに最後に送ったメールを掲載して、本章の締めくくりとしたい。


今回、吉野さんが信じたアシスタントやＬＩＮＥグループの参加者はすべて詐欺グループが作り出した架空の存在でこの世に存在しません。ゴールドの相場も、すべてでっちあげです。完全な劇場型詐欺なのです。

私はこれまで１０００人近い人からの相談を受けていますが、手口はほぼ共通です。犯人の手先は、これまで数人逮捕されていますが、この形の詐欺が始まって１年以上経過したいまも犯人グループの本体は海外にいて、いまだに誰も捕まっていません。

弁護士を依頼した被害者はこれまで複数いましたが、被害金を取り返せた人はいません。

結果的に、大金の弁護士費用を請求されて、詐欺に加えて、弁護士費用でさらに生活が追い詰められることになっています。専門の弁護士はいますが、吉野さんの被害を拡大させるだけなので私は紹介しません。

吉野さんにとって最善の策は、まず警察に届けたうえで、二度と投資に関わらないようにして、これ以上の被害を防ぎ、行政の手助けを借りながら、淡々と余生をすごすことだと思います。

すべては身から出た錆なので、行政による生活扶助（生活保護）を除いて、誰も吉野さんを救うことはできません。

冷たいようですが、金融の世界は、詐欺師が横行する魑魅魍魎の世界です。そこに生半可な知識で足を踏み入れたことが魔物に取りつかれてしまった最大の原因だと思います。

命までとられるわけではないので、いますぐ魔物との縁を完全に断ち切って、前向きに生きられることをお祈りします。

あとがき

２０２４年７月26日、日経平均株価は８営業日連続の下落を記録した。７月16日の４万１２７５円から７月26日の３万７６６７円まで、わずか10日間で３６０８円も下がった。

その時点で私は、出演しているラジオ番組や連載コラムを通じて、「バブル崩壊に向かう可能性が高いので、いますぐ投資から手を引くべきだ」と警鐘を鳴らした。

危機は予想以上に早くやってきた。日経平均株価の値下がりは、８月１日に９７５円、８月２日に２２１６円、そして週明けの８月５日は４４５１円と立て続けに大きく値を下げた。とくに８月５日は、１日の値下がりとしては史上最大の暴落となった。

正直言って、私は焦った。本書の最大の目的は、１人でも多くの読者が「投資」から手を引くことで、バブル崩壊の惨禍から逃れてもらうことだった。ただ、このまま暴落が続いて株式が紙くずと化してしまったあとだと、本書の存在意義がなくなってしまうからだ。

しかし、私の予感は、杞憂《きゆう》に終わった。史上最大の暴落の翌日の８月６日の日経平均株価は、前日比3217円と、一転して史上最大の値上がりとなったのだ。

じつは、私は心のなかでそうなる可能性があるのではないかと考えていた。理由は3つある。

1つは、私の「投資撤退」の提言がネット上で非難轟轟《ごうごう》になっていたことだ。「株価は中長期的には必ず上がっていくものだ。森永は経済のことをまったくわかっていない妄想家だ」というのが大方の意見だった。私が暴落を予言していたと評価する声も存在したが、それはほんの一部にとどまっていた。

2つ目の理由は、暴落の直後から証券会社などの〝金融村〟が緊急のセミナーを開き、そのセミナーにふだんの3倍以上の顧客が殺到したことだ。〝金融村〟の人々の主張はもちろん「動揺せずに長期・分散・積立の投資を続けるべきで、損切りは一番よくない選択だ」というものだった。

3つ目の理由は、メディアで「投資撤退」を訴えたのは、私が調べた限りでは、私ひとりだけだった。ほかの経済の専門家はみな〝金融村〟の主張に同調していたのだ。

ギャンブルでもっともやってはいけないことは、損失を取り返そうと、もっと大きな資金をつぎ込んでしまうことだ。それはギャンブル依存症に直結する。

ところが、8月6日の株価急回復は、図らずも投資依存症が日本中に蔓延していることを証明したのだ。

もちろん、今回の株価暴落がバブル崩壊の入り口になるかどうかは、もう少し時間をおかないと判明しない。ただ、確実にわかったことは、株価の変動がとてつもなく大きくなっているという事実だ。

このままいくと、たった1日で日経平均が1万円下落するという事態もあながち否定できなくなっている。その理由の1つは、相場が変動すると、人工知能が瞬時に相場の変化に沿った売買をする「アルゴリズム取引」が拡大していることだが、それにしても暴騰や暴落の引き金を引くのは人間の心理だ。いまや株式市場は完全な鉄火場と化してしまったと言えるだろう。

そうした状況にもかかわらず、政府は「貯蓄から投資へ」の看板を下ろさず、老後資金の不足を投資収益で穴埋めしようと投資依存症を拡散する言動を繰り返している。

それどころか、設立したばかりの金融経済教育推進機構（J－FLEC）で投資に関する相談を「認定アドバイザー」とする際、費用の最大8割を政府が負担するクーポン券をこの秋にも配布するという。税金を使って投資依存症を拡大しようとしているのだ。

本書で述べてきたように、お金が増えるのは、働いたときと、他人から奪ったときだけだ。本人が何もしないで、カネがカネを稼いでくるということは本来ありえないことなのだ。

それを政府が音頭を取って、国民全体を投資依存症に追い込み、やがて破産者に仕立てようとしている。そうした状況下、本書の持つ意味はますます高まったと私は自負している。

それでは、株式や投資信託への投資を引き上げたあと、老後生活に向けて、私たちはどのような「投資」をすればよいのか。

経済評論家の三橋《みつはし》貴明氏がセミナーでの講義後、聴講者から「これから投資すべきものはなんですか？」と聞かれたそうだ。

三橋氏は即座に「農地」と答え、聴講者は目を丸くしていたという。彼らは「半導体株」とか「S&P500」といった答えを期待していたからだ。

しかし、三橋氏は冗談を言ったのではない。実際、彼は長野県飯田市に農地を買い、将来はそこで農業をする予定だという。

どうしたら豊かな老後をすごせるのか。私のほかの著作のなかでさんざん書いてきたことだが、ポイントは大都市を捨て、トカイナカや田舎に移り住んで、自産自消を中心とした暮らしに変えることだ。

具体的には、野菜を自ら育て、電気は屋根に取り付けた太陽光パネルで発電するようにすれば、家族全体の生活費は月間10万円以下に抑えられる。なまじ都心での暮らしにこだわるから、生活コストが嵩んで、それを賄うために投資というギャンブルに手を染めることになってしまうのだ。

〝脱大都市〟に大きな費用はかからない。田舎への移住を覚悟すれば、家と畑と山までついて1000万円を切る物件はいくらでも見つかる。

私は、そうした脱資本主義のライフスタイルを妄想で語っているのではない。新型コロナウイルス感染症の流行で、仕事が減り、東京に出かける機会が減るなかで、私自身が一人社会実験として、この数年で実践してきたライフスタイルだからだ。

老後資金の不足に脅え、投資という麻薬に手を染めるのではなく、自分自身の人生を根底から見直してみたらいかがだろうか。

1991年5月に出版されたジョン・K・ガルブレイスの『バブルの物語』には以下のような日本版への序文が書かれている。私がいまでも後悔しているのは、バブル研究の大家・ガルブレイスの著作をバブルのピーク直後に読んでいたにもかかわらず、当時、そこに書かれた警告をきちんと受け止められていなかったことだ。

最近の日本経済を見ると、株価の高騰とそれに続く鋭い反落とが印象的である。努力することなしに自分が金持ちになっていくのを目のあたりに見て、しかも自分は当然それに値するのだと信じている人たちがいるものであるが、そうした人たちの心を貫き支配しているあの熱狂が東京証券市場に存在しないと考えるのはむずかしそうである。この点については、後にもっと詳しく論じることにする。

次に、不動産、特に東京における不動産の問題がある。不動産価格がこの数年間にいかに高騰したかは、近代経済学の奇蹟の一つとなっている。最近東京を訪れた人は誰しも、ごく小さな土地が信じられないほどの価格で転売されているという話を聞かされる。十九世紀における不動産価格の有名な批判者であったヘンリー・ジョージが攻撃してやまなかった不労所得がこれほど目ざましく生じたことは、世界史上これまで全くなかった。また、マーク・トウェインは、土地に対する投資を――「土地を買ったからといって価値が増すわけではない」と言って――擁護したものであるが、こうした弁護論がこれほど多く持ち出された例もない。東京の不動産価格については、予測は慎むべきであるが、警告は与えなくてはならない。この点についても、後に述べるであろう。

最後にもう一度繰り返して言っておきたい。この本を日本の読者に提供することは大きな喜びである。いつの日か、この本のおかげで金《かね》を損せずに済む人が出てくるかもしれない。もしそうであれば、私は大いに報われたと思うことであろう。

いま私の心のなかにある気持ちは、このときのガルブレイスと同じだ。

私は、本書『投資依存症』を、すでに投資をしている人、あるいはこれからしようとしている人たちに届けられることを大きな喜びだと感じている。

この本を読んで、いま投資をすることがどれだけ大きなリスクを伴うのかを理解してもらえれば、近い将来、財産の大部分を失い、暗い老後をすごさないといけなくなる人を1人でも多く救えることになるからだ。

がんの終末期を迎えた私には、金儲けをしようとか、予測を当てて名声を獲得しようとか、そうした打算は一切ない。ただ、本書を最後まで読んでくれた読者が、いまかかっている「投資依存症」という深刻な病気から1日も早く立ち直り、明るい人生を取り戻す人が1人でも増えることが、私に残された短い人生の役割ではないかと思うのだ。

2024年8月

森永 卓郎

森永卓郎◉もりなが・たくろう
1957年、東京都生まれ。経済アナリスト、獨協大学経済学部教授。1980年、東京大学経済学部を卒業後、日本専売公社（現・JT）に入社。予算を握る大蔵省（現・財務省）の「奴隷」だった経験をもとに、カルト化する財務省を描いた『ザイム真理教』がベストセラーに。続けざまに、四半世紀のメディア活動で見聞きした〝3つのタブー〟に斬り込んだ『書いてはいけない』が25万部を超えるヒット。「ステージ4」のがん告知からの顛末と死生観を記した『がん闘病日記』に続く本作は、投資熱に浮かされる日本人におくる警告の書である。

投資依存症

二〇二四年　九月一六日　初版発行
二〇二四年一〇月一八日　四刷発行

著　者　森永卓郎
発行者　中野長武
発行所　株式会社三五館《さんごかん》シンシャ
〒101-0052
東京都千代田区神田小川町2-8　進盛ビル5F
電話　03-6674-8710
http://www.sangokan.com/
発　売　フォレスト出版株式会社
〒162-0824
東京都新宿区揚場町2-18　白宝ビル7F
電話　03-5229-5750
https://www.forestpub.co.jp/
印刷・製本　モリモト印刷株式会社

ISBN978-4-86680-940-3
＊本書の内容に関するお問い合わせは発行元の三五館シンシャへお願いいたします。
定価はカバーに表示してあります。
乱丁・落丁本は小社負担にてお取り替えいたします。

19万部突破
大手メディア黙殺中のベストセラー
ザイム真理教
「消費税引き下げなんて無理でしょ…」
——そんなあなたの洗脳を解除する本
それは信者8000万人の巨大カルト
財務省
岸田政権は財務省の傀儡となった！
森永卓郎
イラスト：大嶋奈都子
定価：1540円（税込）
三五館シンシャ 〒101-0052 東京都千代田区神田小川町2-8 http://www.sangokan.com/
発売 フォレスト出版 〒162-0824 東京都新宿区揚場町2-18

2023年12月、ステージ4のがん告知を受けた。
『命あるうち、この本を完成させ、世に問いたい』
その瞬間、私はそれだけを考えた。
27万部突破
書いてはいけない
日本経済墜落の真相
森永卓郎
もくじ
第1章 ジャニーズ事務所
第2章 ザイム真理教
第3章 日航123便はなぜ墜落したのか
第4章 日本経済墜落の真相
定価：1650円（税込）

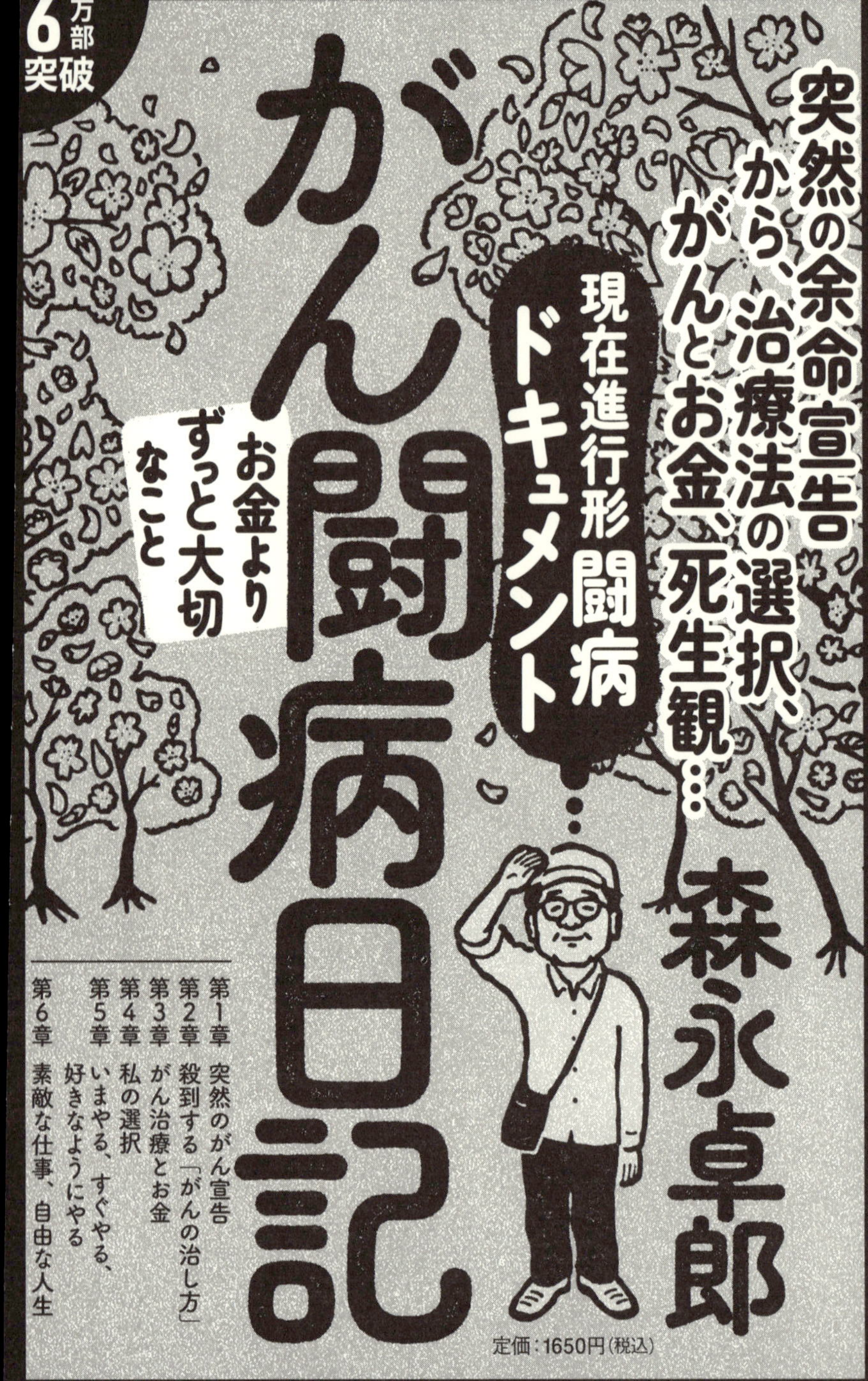

6万部突破
突然の余命宣告から、治療法の選択、がんとお金、死生観…
現在進行形闘病ドキュメント
森永卓郎
がん闘病日記
お金よりずっと大切なこと
第1章　突然のがん宣告
第2章　殺到する「がんの治し方」
第3章　がん治療とお金
第4章　私の選択
第5章　いまやる、すぐやる、好きなようにやる
第6章　素敵な仕事、自由な人生
定価：1650円（税込）